陈明星／主编 大表解 系列丛书

物流经理
日常工作细节

MARKETING MANAGER
DETAILS OF DAILY WORK

田 苗／编著

中国经济出版社
CHINA ECONOMIC PUBLISHING HOUSE
北 京

图书在版编目（CIP）数据

物流经理日常工作细节 / 田苗编著．
—北京：中国经济出版社，2018.7
ISBN 978-7-5136-5205-6

Ⅰ．①物… Ⅱ．①田… Ⅲ．①企业管理—物流管理 Ⅳ．①F273.4

中国版本图书馆 CIP 数据核字（2018）第 102821 号

策划编辑 伏建全
责任编辑 孙喆浩 赵立颖
责任印制 马小宾
封面设计 华子图文工作室

出版发行 中国经济出版社
印 刷 者 北京金明盛印刷有限公司
经 销 者 各地新华书店
开　　本 710mm×1000mm 1/16
印　　张 17.5
字　　数 226 千字
版　　次 2018 年 7 月第 1 版
印　　次 2018 年 7 月第 1 次
定　　价 48.00 元
广告经营许可证 京西工商广字第 8179 号

中国经济出版社 **网址** www.economyph.com **社址** 北京市西城区百万庄北街 3 号 **邮编** 100037

编辑委员会

前言

物流，是依托互联网不断繁荣的行业，物流从业者忙碌在各大中小企业里，随着市场对物流需求的迅猛增长，物流工作的水平亟待提高，物流工作中任何环节的疏忽，都会造成很大的麻烦。因此，当务之急是提高物流经理的工作水平。

工作中，最令人头疼的是出现工作失误，一旦出现失误，就会造成较大的损失与不良影响。而出现工作失误的实质原因，是对某项工作细节点的疏漏，也就是做事不到位。而对细节点的忽略，主要是对某项工作的模糊、不确定，或者经验不足，正是这些因素决定了一个经理人工作水平的高与低。

本书以“经理人日常工作细节”为主题展开，全方面定义每一项工作的关键要点，并进行详细描述。这必将有效改善目标读者的工作质量，减少工作失误。同时，也为广大部门经理人全面提升工作水平提供可借鉴的学习读本。

本书以“物流经理日常工作细节”为主题，对每项工作、每个工作细节都进行了较为详细的介绍。

本书在写作过程中，参阅了大量的资料，并得到工作伙伴们的大力支持和帮助，在此对编委会老师常永楠、刘中洋、孙红丹、唐海燕、田苗、郑宇、朱慧俐、罗礼华、施中狱、郭汉尧、刘贤华、梅凤华、范敦海、朱刚、何泽明、温彩风、袁公明、聂超军、宋劝其、杜启龙、杨莎莎、徐小花、颜阳、农梅珍，一并表示感谢。

目　录

第 1 章　物流工作职责划分说明 ……………………………… /1

1.1　物流经理职位描述　/2

1.2　物流经理助理职位描述　/3

1.3　入库验收主管职位描述　/4

1.4　入库验收专员职位描述　/5

1.5　入库主管职位描述　/5

1.6　入库专员职位描述　/6

1.7　仓储主管职位描述　/7

1.8　保管员职位描述　/8

1.9　养护员职位描述　/8

1.10　机务员职位描述　/9

1.11　安全管理员职位描述　/10

1.12　仓库管理会计职位描述　/10

1.13　盘点员职位描述　/11

1.14　库存控制主管职位描述　/12

1.15　库存控制专员职位描述　/12

1.16　出库主管职位描述　/13

1.17　出库专员职位描述　/14

1.18　运输配送主管职位描述　/15
1.19　运输调度专员职位描述　/15
1.20　配送专员职位描述　/16
1.21　装卸专员职位描述　/17

第 2 章　物流管理日常工作细节描述…………………………………………/19
2.1　仓储规划工作细节描述　/20
2.2　物料验收工作细节描述　/21
2.3　进料验收工作细节描述　/22
2.4　设备开箱验收工作细节描述　/23
2.5　验收状态标识工作细节描述　/24
2.6　不合格物料退料工作细节描述　/24
2.7　进料作业细节描述　/25
2.8　入库管理工作细节描述　/26
2.9　储位管理工作细节描述　/27
2.10　保养保管工作细节描述　/28
2.11　安全管理工作细节描述　/28
2.12　盘点前仓库清理工作细节描述　/29
2.13　盘点差异排查工作细节描述　/30
2.14　盘点后的修补改善工作细节描述　/30
2.15　盘点后问题解决方案制定规范　/31
2.16　仓库盘点管理工作细节描述　/31
2.17　库存盘点管理工作细节描述　/32
2.18　物料盘点程序细节描述　/33
2.19　盘点准备工作细节描述　/33
2.20　盘点培训内容工作细节描述　/34
2.21　生产线盘点工作细节描述　/34

2.22 货仓5S工作细节描述 /35
2.23 办公室5S工作细节描述 /36
2.24 物料堆放的工作细节描述 /37
2.25 货仓管理工作细节描述 /38
2.26 搬运控制工作细节描述 /40
2.27 贮存控制工作细节描述 /41
2.28 呆料管理工作细节描述 /42
2.29 废料管理工作细节描述 /44
2.30 库存量控制工作细节描述 /45
2.31 库存管理细节描述 /46
2.32 ABC法分类管理工作细节描述 /46
2.33 滞料处理工作细节描述 /47
2.34 库存控制管理工作细节描述 /48
2.35 物料领用管理工作细节描述 /48
2.36 限额发料管理工作细节描述 /49
2.37 货物出库准备工作细节描述 /49
2.38 货物出库管理工作细节描述 /50
2.39 出库单流转处理细节描述 /51
2.40 自提提货单流转工作细节描述 /52
2.41 物料配送管理工作细节描述 /53
2.42 拣选式配货工作细节描述 /53
2.43 拣选式配货工作细节描述 /54
2.44 运输送货管理工作细节描述 /54
2.45 物料运输管理工作细节描述 /55
2.46 装卸搬运管理工作细节描述 /56
2.47 物料发送管理工作细节描述 /56
2.48 发货单处理工作细节描述 /57

2.49 储运管理工作细节描述 /57

2.50 退货管理工作细节描述 /58

第3章 物流管理常用制度描述 …………………………… /59

3.1 物流部库存管理制度描述 /60

3.2 物资入库验收管理制度描述 /65

3.3 不同货物验收管理制度描述 /69

3.4 物料紧急放行控制制度描述 /71

3.5 仓库规划制度描述 /73

3.6 接货管理制度描述 /77

3.7 物料入库管理制度描述 /81

3.8 仓库管理制度描述 /88

3.9 物资储存保管制度描述 /90

3.10 仓库温湿度管理制度描述 /92

3.11 物资防腐防霉管理制度描述 /95

3.12 仓库害虫防治管理制度描述 /103

3.13 物资防锈管理制度描述 /106

3.14 仓储设备管理制度描述 /111

3.15 仓库消防管理制度描述 /113

3.16 仓库安全管理制度描述 /117

3.17 仓库管理员工作制度描述 /121

3.18 物料盘点管理制度描述 /122

3.19 盘点操作管理制度描述 /127

3.20 用料预算管理制度描述 /130

3.21 仓库库存量管理制度描述 /132

3.22 物资消耗定额管理制度描述 /134

3.23 库存商品账务处理制度描述 /137

3.24 呆废料管理制度描述 /141
3.25 物料发放管理制度描述 /143
3.26 物料领用管理制度描述 /145
3.27 物资出库管理制度描述 /147
3.28 成品发货管理制度描述 /151
3.29 仓储车辆管理制度描述 /156
3.30 物料运输管理制度描述 /163
3.31 特殊物料运输制度描述 /166
3.32 货物装卸搬运制度描述 /167
3.33 叉车驾驶管理制度描述 /171
3.34 道路危险货物运输管理规定描述 /173

第4章 物流工作日常用表图例 ………………………………… /177

4.1 到货交接单 /178
4.2 原材料验收单 /178
4.3 零配件验收单 /179
4.4 货物验收单 /179
4.5 材料验收报告表 /180
4.6 商品验收报告单 /180
4.7 入库验收报告单 /181
4.8 验收日报表 /181
4.9 验收月报表 /182
4.10 领料单（一） /182
4.11 领料单（二） /183
4.12 领料单（三） /183
4.13 领料单（四） /184
4.14 领退料单（一） /184

4.15 领退料单（二） /185
4.16 退料单（一） /185
4.17 退料单（二） /186
4.18 退料月统计表 /186
4.19 物料拒收月统计表 /187
4.20 物资验收单汇总表 /187
4.21 入库验收工作考核表 /188
4.22 物料编号资料表 /188
4.23 物品入库日报表 /189
4.24 物料人库日报表 /189
4.25 进货日报表 /190
4.26 进货退回单 /190
4.27 入库通知表 /191
4.28 入库工作考核表 /191
4.29 零件表（一） /192
4.30 零件表（二） /192
4.31 入库单 /193
4.32 收料单 /193
4.33 送货日报表 /194
4.34 退料缴库单 /194
4.35 外协加工料品盘点表 /195
4.36 委外加工申请单 /195
4.37 委托对外加工厂交货日报表 /196
4.38 委外加工交货日报表 /196
4.39 委外加工验收单 /197
4.40 外包申请单 /197
4.41 物料卡 /198

4.42 物料库存卡 /199
4.43 物料欠发单 /199
4.44 物品领用记录卡 /200
4.45 限额领料单 /200
4.46 材料仓库月报 /201
4.47 原材料管理表 /201
4.48 原材料库存卡 /202
4.49 原材料库存月报表 /202
4.50 运送清单 /203
4.51 收货单 /203
4.52 送货验收单 /204
4.53 特别领料单 /204
4.54 退料入库单 /205
4.55 仓库温湿度表 /205
4.56 巡查记录表 /206
4.57 报损申请表 /206
4.58 仓库安全管理实施计划表 /207
4.59 仓库安全日志 /207
4.60 仓库安全日报表 /207
4.61 仓库安全事故报告书 /208
4.62 安全改善通知书 /208
4.63 仓库保管工作考核表 /209
4.64 仓库防火防盗工作考核表 /210
4.65 盘存表 /210
4.66 盘存调整表 /211
4.67 盘点人员编组表 /211
4.68 盘点统计表 /212

4.69 破损报告单 /212
4.70 盘存单 /213
4.71 盘点卡（一） /213
4.72 盘点卡（二） /214
4.73 存货明细账 /214
4.74 存货盘点单 /215
4.75 盘点表 /215
4.76 盘点盈亏汇总表 /216
4.77 盘点总结报告表 /216
4.78 盘点盈亏报告表 /217
4.79 货物盘点更正表 /217
4.80 盘点工作考核表 /218
4.81 库存计划表 /219
4.82 库存控制表 /219
4.83 存量管制表 /220
4.84 存货调节表 /220
4.85 日存货汇总表 /221
4.86 年度存货汇总表 /221
4.87 材料库存日报表 /222
4.88 成品库存日报表 /223
4.89 材料库存月报表 /223
4.90 成品库存月报表 /224
4.91 年度材料耗用预算表 /224
4.92 材料领用单 /225
4.93 材料欠拨单 /225
4.94 材料退料单 /226
4.95 物品报废单 /226

4.96 物品转售申请单 /227
4.97 消耗物品领料单 /227
4.98 原物料领用记录表 /228
4.99 搬运费月报表 /228
4.100 材料部月报表 /229
4.101 材料收发月报表 /229
4.102 成品材料收发月报表 /230
4.103 库存管理明细表 /230
4.104 库存金额统计表 /231
4.105 库存品记录表 /231
4.106 料品收发存月报表 /232
4.107 物料盘点表 /232
4.108 材料、副料盘点清册 /233
4.109 成品、在制品盘点清册 /233
4.110 存量管制卡 /234
4.111 库存盈亏明细表 /234
4.112 物资报废表 /235
4.113 安全存量警示表 /235
4.114 呆料处理月报表 /236
4.115 废料处理月报表 /236
4.116 滞料处理记录表 /237
4.117 滞料处理汇报表 /237
4.118 呆废料处理报告表 /238
4.119 库存物资异动更正单 /238
4.120 领料单 /239
4.121 领料表 /239
4.122 限额领料单 /240

4.123 定额领料单 /240
4.124 领料月报表 /241
4.125 提货单 /241
4.126 成品出库单 /242
4.127 发货单 /242
4.128 出库复核记录表 /243
4.129 出库变更表 /243
4.130 领用材料记录表 /244
4.131 样品提取登记单 /244
4.132 材料借出记录表 /244
4.133 出库工作考核表 /245
4.134 出货单 /246
4.135 送货单 /246
4.136 送货日报表 /247
4.137 送货统计表 /247
4.138 交货日报表 /248
4.139 货物运达回报表 /248
4.140 运送货物作业日报表 /249
4.141 运输作业日报表 /249
4.142 运输月报表 /250
4.143 驾驶员作业日报表 /250
4.144 运输车辆费用预算表 /251
4.145 车辆保养修理记录表 /252
4.146 车辆维护记录表 /252
4.147 车辆费用报销单 /253
4.148 车辆费用支出月报表 /253
4.149 车辆事故报告表 /254

4.150　油料库存月报表　/255
4.151　配送效率调查表　/255
4.152　交通事故报告表　/256
4.153　交通事故报告书　/257
4.154　汽车驾驶日报表　/258
4.155　汽车行驶记录表　/258
4.156　器具保管登记卡　/259

第1章
物流工作职责划分说明

1.1 物流经理职位描述（表1－1）

表1－1 物流部经理职位描述

直接上级：总经理 直接下级：物流部经理助理、入库验收主管、入库主管、仓储主管、仓库管理会计、库存控制主管、出库主管、运输配送主管	
岗位职责	1. 根据企业年度经营计划及战略发展规划，制订仓储部工作计划及业务发展规划。 2. 根据企业经营管理整体要求，制定库房管理、出入库管理等各项制度并贯彻实施。 3. 根据企业仓储工作特点，编制各项工作流程及操作标准并监督执行。 4. 贯彻执行企业下达的仓储工作任务，并将各项任务落实到责任人。 5. 采用科学的仓储管理方法，做好库存物资的存放管理及各类物资的出入库管理。 6. 核定和掌握仓库各种物资的储备定额，并严格控制，保证合理库存和使用。 7. 根据生产任务安排，做好物料、工具等物资的收发服务，并保证质量和生产的需要。 8. 掌握各类物资的收发动态，审查统计报表，定期撰写分析报告并上报有关领导。 9. 定期组织盘点，对盘盈、盘亏、丢失、损坏等情况查明原因和责任，并提出处理意见。 10. 加强安全、消防管理，做好防火、防盗、防潮等工作。 11. 改善仓储环境，提高搬运效率，提供及时、安全、有效的搬运、配送服务。 12. 参与制定企业全面质量管理制度描述体系及服务标准建设，并监督实施情况。 13. 负责废旧物资的管理，对滞料、废料、不合格品等提出处理意见并协助实施。 14. 负责对仓储部叉车等工具进行管理。 15. 负责与其他职能部门的协调与沟通。 16. 组织与建设仓储部团队，协助人力资源部做好员工的选拔、配备、培训、绩效考核工作。 17. 对下属员工进行业务指导、合理调配，监督其计划执行，努力提高其积极性和服务意识。 18. 完成上级领导交办的其他工作

续表

直接上级：总经理 直接下级：物流部经理助理、入库验收主管、入库主管、仓储主管、仓库管理会计、库存控制主管、出库主管、运输配送主管	
任职资格	1. 经济管理类或物流管理专业大专以上学历。 2. 5年以上大中型企业仓储和物流管理经验。 3. 有一定组织、协调管理能力、熟悉运输费率，熟练掌握会计相关知识，有较强的沟通能力，较强管理能力，资源的快速高效运用能力。 4. 个性与品质诚信守信、热情开朗，有良好职业道德、较强的敬业精神与团队工作精神吃苦耐劳，能承受较大工作压力。 5. 能熟练使用计算机设备及办公软件

1.2 物流经理助理职位描述（表1－2）

表1－2 物流部经理助理职位描述

直接上级：物流部经理 直接下级：入库验收主管、入库主管、仓储主管、仓库管理会计、库存控制主管、出库主管、运输配送主管	
岗位职责	1. 协助物流部经理制定与修改仓储管理、出入库等各项规章制度。 2. 协助物流部经理制定和完善物流部的各项工作流程、操作规范。 3. 协助物流部经理进行物流部的日常管理，提出工作改进的合理化建议。 4. 负责物流部各类文件的草拟、成文及发放。 5. 负责物流部工作会议的组织，做好会议记录。 6. 协助物流部经理做好部门内员工的工作安排等。 7. 负责收集各类存储物资库存情况、出入库情况的统计报表，汇总后上报。 8. 协助物流部经理对库管人员的业务、劳动纪律、现场管理等进行日常检查与督导。 9. 协助物流部经理与其他职能部门进行沟通与协调。 10. 完成物流部经理交办的其他各项工作

续表

直接上级：物流部经理 直接下级：入库验收主管、入库主管、仓储主管、仓库管理会计、库存控制主管、出库主管、运输配送主管	
任职资格	1. 物流或机械制造相关专业大专以上学历，具备物流管理类相关的执业资格证书。 2. 2年以上工作经验，1年以上相关工作经验。 3. 熟悉物流管理流程和相关操作规范，熟悉相关质量管理、绩效评估体系，对物流系统发展有较好的理解。 4. 具备良好的管理协调能力、沟通能力及分析解决问题能力，有较好的物流成本管理和控制能力；工作责任心强，有良好的团队精神和敬业精神。 5. 熟练使用相关办公软件，英语良好者优先

1.3 入库验收主管职位描述（表1-3）

表1-3 入库验收主管职位描述

直接上级：物流部经理 直接下级：入库验收专员	
岗位职责	1. 负责制定所有物资的入库验收作业规范，并监督实施。 2. 落实执行所有物资的入库验收工作，并出具入库验收报告。 3. 妥善处理存在异常问题而不可入库的物资。 4. 协助采购部处理不合格材料、货物的退料、退货工作。 5. 参与供应商、协作厂商的绩效评审工作。 6. 对所有物资的规格、包装、外观及运输条件提出改善意见或建议。 7. 完成物流部经理交办的其他工作
职资格	1. 仓储管理、物流管理等相关专业大专以上学历。 2. 具有三年相关行业产品入库验收管理工作经验。 3. 熟悉产品入库管理、验收的流程，具有较强的组织协调能力。 4. 公正无私、责任心、集体主义观念强，有较强的敬业精神与团队合作精神。 5. 熟练使用 Microsoft Office 办公软件

1.4 入库验收专员职位描述（表1-4）

表1-4　入库验收专员职位描述

直接上级：入库验收主管 直接下级：	
岗位职责	1. 协助验收主管制定物资入库验收作业规范，并严格参照执行。 2. 负责所有物资的入库验收工作，并如实填写相应的入库验收单。 3. 识别和记录物资的质量问题，对供应商的包装、运输及其他方面提出改进建议。 4. 拒收进料中的不合格材料和物件。 5. 做好物资验收记录，对物资的验收情况进行统计、分析、上报。 6. 完成上级领导交办的其他工作
任职资格	1. 相关专业大专以上学历。 2. 1年相关行业产品入库验收管理工作经验。 3. 掌握产品入库验收工作流程，有一定的统计、分析能力。 4. 有良好的沟通和协调能力，善于与人进行沟通，有一定的工作能力和工作方法。 5. 熟练使用 Microsoft Office 办公软件

1.5 入库主管职位描述（表1-5）

表1-5　入库主管职位描述

直接上级：物流部经理 直接下级：入库专员	
岗位职责	1. 负责审核物料、产品的入库审核和入库办理手续。 2. 定期编制入库物料与产品的入货台账，并填写相关货物台账。 3. 根据库存、物料、商品情况对库房布局进行合理规划与调整、安排。 4. 定期编制相关库房报表，并进行管理。 5. 完成上级交办的其他工作事项

续表

直接上级：物流部经理 直接下级：入库专员	
任职资格	1. 物流管理、储运专业大专以上学历。 2. 3年以上仓储相关工作经验。 3. 熟悉物流部产品入库工作，有很强的组织管理能力。 4. 具有良好的沟通和协调能力，为人正直，细致认真，责任心强，有敬业精神。 5. 熟练使用 Microsoft Office 办公软件

1.6 入库专员职位描述（表1-6）

表1-6　入库专员职位描述

直接上级：入库主管 直接下级：	
岗位职责	1. 负责对成品或物料进行入库登记，办理相关手续交接。 2. 根据库房规划合理安排货物的存放地点、相关入库报表、单据和货位编号。 3. 负责核对成品或物料的入库凭证，并核查相关入库手续、单证。 4. 协助入库主管进行仓库规划工作
任职资格	1. 大专及以上相关专业。 2. 1年以上入库专员工作经验。 3. 熟悉物流部产品入库相关工作，受过一定的仓储管理培训。 4. 工作态度认真、细心、踏实，有责任心，工作积极主动。 5. 熟练使用 Microsoft Office 办公软件

1.7 仓储主管职位描述（表1－7）

表1－7 仓储主管职位描述

直接上级：物流部经理 直接下级：保管员、养护员、机务员、安全管理员	
岗位职责	1. 协助物流部经理制定仓库存货管理、消防安全管理等各种制度。 2. 安排货物的存放地点，登记管账和货位编号。 3. 组织检查货物的包装是否漏包、霉变、虫害，清点数量，并按规格、重量分别存放。 4. 组织对仓库进行温湿度管理、物资防腐防霉、防锈管理和病虫害防治工作。 5. 负责仓库安全管理，检查仓库消防、防汛等设施，巡查安全隐患，保证仓库安全。 6. 负责仓库的现场管理，要求仓库管理人员严格执行“5S”管理规定。 7. 负责仓库人员的业务、劳动纪律、现场管理等的检查、督导。 8. 协助行政人事部做好仓库人员的业务知识培训。 9. 完成物流经理交办的其他工作
任职资格	1. 物流管理、储运专业大专以上学历。 2. 3年以上仓储相关工作经验，精通仓库管理和物流流程，受过物流管理、仓储管理等方面的培训。 3. 具有3年以上仓储操作实际工作经验，熟悉仓库物料收发、做账等工作流程，能熟练操作计算机，会MRP物料计划运行。 4. 有一定团队管理经验，有丰富的仓库原料进库、辅料收发等多品种的原料实际操作经验。 5. 熟悉进销存库料管理软件

1.8 保管员职位描述（表1-8）

表1-8 保管员职位描述

直接上级：仓储主管 直接下级：	
岗位职责	1. 负责其保管区域内物资的保管工作。 2. 对保管区内的货物及时登记实物登记卡。 3. 定期清扫保管区，保证保管区内清洁卫生，无虫害、鼠害。 4. 定期检查所保管的货物品种、数量、质量状况。 5. 负责保管物资的安全管理工作，协助安全管理员进行仓库消防安全管理。 6. 完成仓储主管交办的其他工作
任职资格	1. 大专或以上学历，物流管理类相关专业。 2. 至少1年以上仓库保管员工作经验，工作认真负责，能吃苦耐劳。 3. 具有优良的职业道德操守和团队协作精神、具有较强的工作责任心、思维敏捷、工作积极、身体健康，无不良记录。 4. 具有较强的团队管理能力和优秀的协调沟通能力。 5. 熟练运用Microsoft Office办公软件

1.9 养护员职位描述（表1-9）

表1-9 养护员职位描述

直接上级：仓储主管 直接下级：	
岗位职责	1. 加强仓库的温湿度管理，保持物资储存的合理温湿度。 2. 采取适当的措施，防止库存商品的腐蚀和霉变。 3. 保持仓库的卫生和清洁，防止鼠害和病虫害。 4. 对库存的特殊商品，根据其商品特性要求采取相应的措施，保证其在库期间的检查仓库养护设施设备的运转情况，保证仓库的储存条件经常处于良好的状态。 5. 完成仓储主管交办的其他工作

续表

直接上级：仓储主管 直接下级：	
任职资格	1. 仓储管理类相关专业大专及以上学历。 2. 1 年以上仓库养护员工作经验，工作认真负责，能吃苦耐劳。 3. 工作有计划，条理清晰，具备良好的沟通能力，富有团队精神。 4. 为人诚实，勤奋、无不良品好。 5. 有较强的学习能力，敢于挑战自我，追求卓越

1.10 机务员职位描述（表 1－10）

表 1－10　机务员职位描述

直接上级：仓储主管 直接下级：	
岗位职责	1. 制订合理的设备和车辆的使用和维护保养计划，执行设备的预防保养制度。 2. 负责仓储设施设备的管理。 3. 定期检查各种在用的仓储设施设备，及时发现设施设备使用的各种事故隐患。 4. 加强技术改造，节约设备的运营费用，降低仓储成本。 5. 对设备操作人员进行定期的技术培训。 6. 完成仓储经理交办的其他工作
任职资格	1. 大学专科（含）以上学历，汽车相关专业。 2. 具有 1 年以上机务员工作经验。 3. 了解汽车构造，具备一定汽车专业知识和仓储管理知识。 4. 具有较丰富的汽车工具设备管理经验，较强的沟通协调能力。 5. 熟练使用 Office 办公软件

1.11 安全管理员职位描述（表1－11）

表1－11　安全管理员职位描述

<table>
<tr><td colspan="2">直接上级：仓储主管
直接下级：</td></tr>
<tr><td>岗位职责</td><td>1. 负责购置和配备安全生产所需的各种设施和设备，如消防器材、安全指示标牌等。
2. 负责制订消防安全计划和防范措施。
3. 定期进行安全检查、消防检查，消除安全隐患。
4. 对仓库管理各环节进行安全检查和监督，确保仓库储存货物的安全。
5. 完成物流经理交办的其他工作</td></tr>
<tr><td>任职资格</td><td>1. 大专及以上学历。
2. 1 年以上同岗位工作经验，有生产安全培训及管理经验。
3. 具备消防设备运行监控能力，熟知《消防法》各项条款，可独自撰写内部消防管理制度描述，具备一定的管理能力。
4. 有良好的敬业精神、诚实守信的品德；崇尚团队精神，善于与人合作。
5. 熟练使用各种消防器材</td></tr>
</table>

1.12 仓库管理会计职位描述（表1－12）

表1－12　仓库管理会计职位描述

<table>
<tr><td colspan="2">直接上级：物流部经理
直接下级：盘点员</td></tr>
<tr><td>岗位职责</td><td>1. 协助财务经理制订库存计划、财务预算及其他相关财务计划，并监督计划的实施。
2. 按照公司及政府相关部门的要求及时编制各种财务报表。
3. 负责财务核算、审核、监督工作。
4. 拟定成本核算办法，建立健全成本核算工作程序，编制成本费用计划。
5. 对已审核的原始凭证及时填制记账凭证并记账。</td></tr>
</table>

续表

直接上级：物流部经理 直接下级：盘点员	
	6. 寻求降低成本的途径和方法，控制库存费用支出。 7. 员工报销费用的审核、凭证的编制和登账。 8. 对已审核的原始凭证及时填制记账凭证并记账。 9. 监控公司成本费用状况，对异常情况及时向上二级领导汇报，并采取相应的措施。 10. 相关原始凭证、单据的分类保管
任职资格	1. 大专及以上学历，财务管理相关专业。 2. 2 年以上仓库管理经验，有会计证优先。 3. 爱岗敬业，有良好的团队精神，务实、责任心和动手能力强。 4. 熟练操作各种财务办公软件

1.13 盘点员职位描述（表 1 – 13）

表 1 – 13　盘点员职位描述

直接上级：仓库管理会计 直接下级：	
岗位职责	1. 根据盘点计划对库存物资进行现场盘点。 2. 记录盘点结果，汇总盘点报告。 3. 完成领导临时交办的其他工作
任职资格	1. 会计专业毕业。 2. 具有 1 年以上相关工作经验。 3. 对数据敏感。 4. 为人诚实、责任感强，细心。 5. 熟练操作电脑

1.4 库存控制主管职位描述（表1－14）

表1－14　库存控制主管职位描述

直接上级：物流部经理 直接下级：库存控制专员	
岗位职责	1. 制定并组织实施公司库存控制管理制度描述和管理流程。 2. 指导库存控制专员同客户和供应商进行库存控制的沟通工作。 3. 负责同生产部和采购部沟通库存控制状况，协调同生产部和采购部的关系。 4. 负责公司库存控制系统的建设，加强库存控制信息化建设。 5. 全面负责仓储部库存运作的管理和优化改进。 6. 督促并配合生产部对呆滞物料的处理工作。 7. 负责各类库存记录和表格填写的完整性和准确性。 8. 协助人力资源部开展对直属下级的培训和绩效考核工作。 9. 完成上级交办的其他工作
任职资格	1. 物流管理等相关专业本科学历。 2. 有3年以上制造型企业库存管理经验，1年供应链管理经验，有财务背景及管理岗位经验优先。 3. 良好的商业道德和团队协作能力。 4. 较好的协调能力，工作认真仔细。 5. 熟悉ERP系统及Office操作系统

1.15 库存控制专员职位描述（表1－15）

表1－15　库存控制专员职位描述

直接上级：库存控制主管 直接下级：	
岗位职责	1. 分析跟踪每日库存状态，并根据分析、跟踪结果采取相应的处理措施。 2. 协助库存控制主管不断优化库存控制系统，降低库存控制成本。 3. 协同生产、物料、品质等各部门，分析物料损耗，并提出相关处理意见。

续表

直接上级：库存控制主管 直接下级：	
	4. 具体负责对呆滞物料的处理工作。 5. 分析和改进库存控制系统，协助库存控制主管降低库存和提高库存周转次数。 6. 负责库存数据录入和库存报表工作。 7. 完成上级交办的其他工作
任职资格	1. 大专及以上学历，物流、储运相关专业。 2. 1 年以上库存计划、控制相关领域操作工作经验。 3. 熟悉仓储库存管理流程，熟悉 GMP 或 ISO 9000 等质量管理体系，掌握进销存管理基本知识。 4. 对数据较为敏感，良好的沟通表达能力，团队合作精神佳。 5. 熟练掌握 Microsoft Office 等基本计算机知识

1.16 出库主管职位描述（表 1－16）

表 1－16 出库主管职位描述

直接上级：物流部经理 直接下级：出库专员	
岗位职责	1. 制定仓储物资的出库管理制度描述，上报领导审批后贯彻实施。 2. 负责制定物资的出库工作流程及优化，提高工作效率。 3. 负责检验待出库物资的数量、质量及包装等情况。 4. 负责审查出库手续、凭证等是否齐全。 5. 对于手续齐全、质量合格、数量无误的出库申请，在出库单上签字后放行。 6. 物资搬运出库过程中的现场指挥，避免出现意外损失。 7. 监督出库物资装载上车。 8. 每日编制出库物资统计报表，并上报物流部经理助理。 9. 与生产等部门沟通、协调有关出库物资事宜。 10. 完成上级领导交办的其他工作

续表

直接上级：物流部经理 直接下级：出库专员	
任职资格	1. 大专及以上学历，物流、储运相关专业。 2. 3年以上储运、控制相关领域操作工作经验。 3. 熟悉企业产品的检验、出库流程，具有较强的组织协调能力。 4. 公正无私、责任心强，有较强的敬业精神与团队合作精神。 5. 熟练使用计算机操作系统和办公应用软件

1.17 出库专员职位描述（表1－17）

表1－17　出库专员职位描述

直接上级：出库主管 直接下级：	
岗位职责	1. 协助出库主管制定仓储部出库管理制度描述，并提出合理化建议。 2. 总结工作经验，提出工作改进建议，优化工作流程。 3. 协助出库主管检验待出库物资的质量、包装情况，清点数量或过磅。 4. 协助审核物资出库手续、凭证等的完整性，确保出库工作准确。 5. 严格按照出库凭证发放物料，做到账、卡、物相符。 6. 负责物料出库过程人员安排，指导物资的搬运，防止发生意外。 7. 出库单的收集、汇总、统计及保管。 8. 统计出库物资数量，并将数据提交出库主管。 9. 完成领导交付的其他工作
任职资格	1. 大专及以上学历，物流、储运相关专业。 2. 有仓库先进先出工作经验。 3. 熟悉企业产品的检验、出库工作，具有团队合作精神。 4. 工作态度认真、细心、踏实，有责任心，工作积极主动。 5. 熟练使用办公软件

1.18 运输配送主管职位描述（表1－18）

表1－18 运输配送主管职位描述

直接上级：物流部经理 直接下级：运输调度员、配送专员、装卸专员	
岗位职责	1. 制定运输配送日常管理制度描述并负责落实执行。 2. 负责审批运输配送计划并监督实施。 3. 负责对运输配送人员进行调度和安排。 4. 负责对运输配送部门的设施进行管理。 5. 负责车辆的组织、调配和管理。 6. 对运输配送过程中产生的单据和档案进行管理。 7. 协助人力资源部门做好所属员工的考核工作。 8. 完成领导临时交办的其他工作
任职资格	1. 大专或以上学历，物流及相关专业毕业。 2. 3年以上相关行业物流配送工作经验。 3. 熟悉物流环节，有较好的人际沟通、组织管理能力，熟悉物流管理流程。 4. 具备一定的数据分析能力，同时具备仓库管理经验者更佳。 5. 熟练使用电脑

1.19 运输调度专员职位描述（表1－19）

表1－19 运输调度专员职位描述

直接上级：运输配送主管 直接下级：	
岗位职责	1. 协助运输配送主管制定运输规章制度和安全管理制度描述，组织执行并监督。 2. 制订月度运输计划并监督执行。 3. 合理进行车辆调度，确保运输效率。

续表

直接上级：运输配送主管 直接下级：	
	4. 审核运输、保险费用，在相关单证上签字。 5. 保证各运输设备完好运行。 6. 处理运输事故，并负责善后事宜。 7. 审核发运要求，选择最佳发运路线和方式。 8. 与相关部门进行协调，确保工作顺利开展。 9. 监督、检查、评估运输方面的工作质量、及时性和费用等情况。 10. 组织实施专项运输方案，负责项目的组织协调、跟踪工作。 11. 完成领导临时交办的其他工作
任职资格	1. 大专及以上学历。 2. 3 年以上工作（同职）经验，有驾照，对相关地区交通非常熟悉。 3. 较强的执行能力和沟通协调能力，良好的组织，沟通能力。 4. 公正无私、责任心、集体主义观念强，较强的敬业精神与团队工作精神能承受较强工作压力。 5. 具有良好的人际沟通能力；熟练使用计算机操作系统和办公应用软件

1.20 配送专员职位描述（表 1－20）

表 1－20　配送专员职位描述

直接上级：运输配送主管 直接下级：	
岗位职责	1. 制订物料配送计划，并组织执行。 2. 监控物料的发送及运输，以保证物料配送的及时、安全。 3. 负责与客户或供应商进行沟通，协调配送过程中发生的问题。 4. 优化物料配送作业流程，不断提高配送工作效率。 5. 与运输作业人员密切配合，保障物料配送用车。 6. 完成领导临时交办的其他工作

续表

直接上级：运输配送主管 直接下级：	
任职资格	1. 大专及以上学历，物流等相关专业毕业。 2. 2 年以上相关岗位工作经验，熟悉第三方物流以及快递供应商的运作流程和考评体系，了解当地的配送运输状况。 3. 具备基本的物流和供应链知识，包括预测计划、订单管理、库存管理、仓储配送、运输管理等。 4. 良好的条理性和逻辑性；出色的沟通协调能力和团队合作精神，较强的客户服务意识，注重细节。 5. 能承受一定的工作压力，责任心强；熟练操作办公软件

1.21 装卸专员职位描述（表 1－21）

表 1－21 装卸专员职位描述

直接上级：运输配送主管 直接下级：	
岗位职责	1. 做好装卸人员的制度、流程建设。 2. 负责组织装卸人员进行货物装卸作业，保证按时按量装卸。 3. 负责组织货物装载后的固封防护工作。 4. 根据公司 5S 管理要求，负责作业后的场地清扫和物资清理工作。 5. 负责装卸人员的业务、劳动纪律、现场管理等的日常检查、督导、考核工作。 6. 完成经理交付的其他工作
任职资格	1. 年龄 25 岁以上，高中/中专及其以上学历，学习能力强。 2. 1 年以上相关工作经验，了解各类需装卸物品的特性。 3. 身体强壮，能够胜任繁重的工作，有很强的敬业精神，良好的心理素质，能应对较大的竞争、挑战和压力。 4. 具有较强的工作责任心，细心认真，热情大方，有较强的亲和力、沟通协调能力。 5. 能接受工作地点调动，能够适应出差工作

第2章

物流管理日常工作细节描述

2.1 仓储规划工作细节描述（表2-1）

表2-1 仓储规划工作细节描述

项目	规范内容
面积配置	（1）仓储总面积。 （2）公共设施规划。 （3）实效面积计算。 （4）材料准存量及容量所需用的仓位，依供料对象存储进出便捷性，规划适用的储存面积。 （5）仓储结构、支柱、楼梯、走道、办公场所等。 （6）仓库总面积扣除公共设施估用面积为可用仓容
料位设定	（1）标准存量。 （2）进发频率。 （3）料位设定与编号。 （4）量高者可双通道配置，存量低及零星材料用料架仓储为宜，重量轻者可架高储存。 （5）进发频繁高的材料，应考虑进出仓装卸便捷因素。 （6）库代号统一以A、B、C……顺序设定，储位编订，储位编号原则
堆叠方式	（1）包料类别。 （2）材料特性。 （3）装料方式。 （4）库存工具。 （5）箱装、袋装、盒装。 （6）耐压性差的材料设定层况及承受的重量。 （7）供料工具，加高车，液压叉车设定堆叠方式。 （8）包装类别、材料特性、供料方式选定木卡板，铁架或储柜
料品标示	（1）材料编号。 （2）料位堆叠量。 （3）库存说明。 （4）在请购单填写材料编号，品名、规格、数量、入厂日期，并以月份颜色加以区分标示。 （5）标示每一位置的最大容量。 （6）合格（绿色）、待处理（黄色）、退货（红色）

2.2 物料验收工作细节描述（表2－2）

表2－2　物料验收工作细节描述

项目	规范内容
物料验收的内容	（1）品名、规格。 出入库的货物是否与相关单据的品名、规格一致。 （2）数量。 明确出入库货物的计量单位，货物进出仓前应严格点数或过磅。 （3）品质。 进库货物，只有接到相关检验书面合格报告方可入库；出库货物，也就检验其品质，确保做到不良品不投入使用或不流向市场。 （4）凭据。 单据不全不收，手续不齐不办。入库要有入库单据及检验合格证明，出库要有出库单据
物料验收的步骤	（1）确认供应厂商。 物料从何而来，有无错误。如果一批物料分别向多家供应商采购，或同时数种不同的物料进厂时，验收工作更应注意，验收完后的标识工作非常重要。 （2）确定交运日期与验收完工时间。 这是交易的重要日期，交运日期可以判定厂商交期是否延误，有时可作为延期罚款的依据，而验收完工时间有不少公司作为付款的起始日期。 （3）确定物料名称与物料品质。 收料是否与所订购的物料相符合并确定物料的品质。 （4）清点数量。 查清实际承交订购数量或送货单上记载的数量是否相符。对短交的物料，即刻促请供就补足；对超交的物料，在不缺料的情况下退回供应商。 （5）通知验收结果。 将允收、拒收或特采的验收结果填写于物料验收单上通知有关单位。物料控制部门得以进一步决定物料进仓的数量，采购部门得以跟进短交或超交的物料，财务部门可根据验收结果决定如何付款。 （6）退回不良物料。 供应商送交的物料品质不良时，应立即通知供应商，准备将该批不良物料退回，或促请供应商前来用良品交换，再重新检验。 （7）入库。 验收完毕后的物料，入库并通知物料控制部门，以备产品制造之用。 （8）记录。 供应商交货的品质记录等资料，为供应商开发及辅导的重要资料，应妥善保存

2.3 进料验收工作细节描述（表2－3）

表2－3　进料验收工作细节描述

项目	规范内容
收到进料验收通知	仓储部收到采购部的进料验收通知后，部门经理根据材料的需求情况和进料验收作业进度安排验收人员
确定验收方案	验收主管接到进料验收的安排后，在质量管理部检验主管的配合下，按物料编号查找相应进料的样品、规格说明书，确定进料验收方式和方法，制定该批进料的验收方案
执行验收	（1）验收专员按制定的验收方案，到待验区执行进料验收工作，主要检查材料的数量（重量）、外观、包装等方面。 （2）质量管理部质检专员执行材料内在质量的检验工作
填写进料验收单	（1）验收专员将验收的结果填入进料验收单上相应的地方。 （2）质量管理部质检专员在进料验收单上相应的地方签字确认。 （3）结合质量管理部的质检结果，合格的物料填“合格”，并交验收主管审核，不合格的物料应于进料验收单上的相应位置填入不合格品通知单的单号
合格物料处理	进料验收单交验收主管审核，经确认合格的物料，验收专员贴上绿色的“允收”标记
填写进料验收质量异常表	（1）验收主管审核确定为不合格的物料，填写进料验收质量异常表，提交仓储部经理审核。 （2）仓储部经理将检验的结果知会采购部，由采购部根据需求情况做出特采使用或拒收的决定
确定能否特采	若为紧急需求的物料，则由采购部提出特采申请，由质量管理部、技术部、生产部等相关人员根据材料的质量审定能否特采，并给出特采的方式（全检、加工、试产），并注明加工、全检单件所需的工时
处理特采物料	验收专员根据特采审定结果，对于全检、加工的物料贴上黄色的标记，注明是“全检”或“加工”，对于试产的物料贴上蓝色的“试产”标记，不合格物料交给采购部做拒收处理

续表

项目	规范内容
入库分发	对于合格物料、特采使用的物料，验收专员通知入库人员分类入库存放，以便分发使用
输入电脑质量系统	验收专员将此批材料的验收结果输入企业的质量管理系统，以便于对供应商的供应质量进行评估和考核

2.4 设备开箱验收工作细节描述（表2－4）

表2－4　设备开箱验收工作细节描述

项目	规范内容
验收准备	仓储部入库验收人员收到采购部的设备到货验收通知单后，进行设备验收的准备工作，包括准备设备购置申请单、设备采购合同、设备开箱验收单、设备开箱验收报告单等表单，了解设备的型号、规格等相关因素
清点、核对	（1）设备到达时，验收主管按设备购置申请单与设备采购合同的合同条款对箱内外的物件逐一清点、核对，查看是否相符。 （2）若实际到达的设备物件与设备购置申请单和设备采购合同不符，则通知采购部相关人员与供应商核实后再做决定
开箱验收	经初步清点、核对无异常后，仓储部入库验收人员会同采购部、质量管理部、设备使用部门等部门人员一起开箱验收，检查箱内主机、附件有无破损锈蚀情况，检查箱内应有设备的出厂和合格证、使用说明书、装配图、安装图等原始资料和技术文件是否齐全
填写设备开箱验收单	设备验收人员填写设备开箱验收单，经所有参加验收的人员签字后，报主管副总审核
填写设备开箱验收报告书	（1）若设备不合格，则将设备交予采购部办理退货手续。 （2）若设备合格，则将设备交予使用部门进行安装与调试。 （3）设备验收人员根据开箱验收情况及结果拟定设备开箱验收报告书

2.5 验收状态标识工作细节描述（表2－5）

表2－5　验收状态标识工作细节描述

项目	规范内容
验收准备	仓储部经理在接到采购部发来的物资入库验收通知后，入库验收主管即组织下属人员进行验收前的准备工作，除了准备相关的物资验收单及验收报告表外，还应准备好用来标识物资状态的不同颜色的标签
验收	（1）入库验收专员按照相关的《物资验收管理制度描述》及入库验收作业规范，对物资进行验收。 （2）质量管理部质检人员对物资进行质量检验
允收标签（绿）	入库验收专员将验收结果填入物资验收报告表（报入库验收主管确认），结合质量管理部的检验、检测报告，对于合格的产品贴上绿色的标签，以示可以入库或投入生产
特采标签（黄）	对于不合格的产品，应贴上“待定”标签，对于决定特采使用的不合格品，入库验收专员应贴上黄色标签
拒绝标签（红）	对于决定不特采使用的不合格品，入库验收专员则应贴上红色的标签以示“拒收”，以便于退货作业时快速识别

2.6 不合格物料退料工作细节描述（表2－6）

表2－6　不合格物料退料工作细节描述

项目	规范内容
编制《退料管理制度描述》	仓储部入库验收主管依据企业的相关规定、所采购物料的性质、特点及常见的供应商供货问题等多种因素，制定《退料管理制度描述》，上报总经理审批后贯彻执行

续表

项目	规范内容
接货清点、物料验收	（1）采购部与供应商联系采购事宜，后者按照合同规定按时发货，并将发货单及时传给采购部相关人员。 （2）采购部相关人员在接到发货单后，开具物料验收通知单，并及时递交给仓储部入库验收人员。 （3）入库验收主管组织下属人员进行验收前的准备，并进行清点核对，确认数量、规格、外观质量，并结合质量管理部检验人员的质量检验报告，判断本批物料能否入库
提出解决方案	（1）若在验收过程中发现物料存在质量问题，入库验收专员应及时上报主管及仓储部经理。 （2）仓储部经理会同采购部根据存在的问题，提出具体的解决方案，上报总经理审批。 （3）质量问题解决方案经总经理审批后，由仓储部入库验收专员填写退料单或调货单，转交采购部相关人员执行解决方案
退货、赔偿	（1）方案一：采购部根据检验结果和退料单，与供应商交涉退回、赔偿事宜，供应商核对信息后，取回不合格的物料并进行赔偿。 （2）方案二：采购部根据检验结果和调货单，与供应商协商后，由供应商取回不合格物料后，重新发料，并赔偿由此给企业造成的损失
办理入库手续	对于供应商重新发来的物料，仓储部入库验收工作人员仍需按照验收作业规范及流程进行验收，在确定物料符合企业需求和相关规定的前提下，方可办理入库手续

2.7 进料作业细节描述（表2－7）

表2－7 进料作业细节描述

项目	规范内容
进料作业计划	入库主管根据物料采购计划制订进料作业计划，说明作业程序与内容
接收准备	入库主管收到运送物料通知，进行人员组织、储位设置、搬运设备、用具等接收前的准备

续表

项目	规范内容
物料分类及标识	物料运输到达后，入库专员对物料进行分类、标识工作
核查进料信息	入库专员核查物料相关单据是否齐全，以及与物料通知相关事项是否一致，主要包括仓储合同、合格证、发货明细单等
处理进料信息	物料检验后，入库主管对物料单据进行再次审核并签收
进料作业报告	入库主管编写进料作业报告，对作业过程和所出现的情况等进行总结

2.8 入库管理工作细节描述（表2-8）

表2-8　入库管理工作细节描述

项目	规范内容
制订入库计划	入库主管收到接货通知后，按照货物到货时间、数量、品种、规格、性质等要求制订入库计划，准备人员、货物摆放场所、搬运设备等
到货处理安排	货物到达后，入库主管安排入库专员按规定进行接货，与相关单位办理相关交接手续
审核单据	（1）入库主管负责审核货物单据是否齐全。 （2）若发现单据不全，应将货物存放暂存库，并及时通知相关人员
核对货物数量	单据齐全无误后，对现场货物进行数量核对，并记录货物数量
签收收货单	入库主管确认货物验收无问题后，在收货单上签字确认
选择货物储位进行摆放	入库专员根据货物分类安排货物储存并进行摆放

续表

项目	规范内容
填写入库单建立入库台账	入库主管填写入库单，建立入库台账，并将相关信息转至财务部更改《财务库存账》
更新库存台账	入库单及相关单据上报总经理审批后，更新库存台账

2.9 储位管理工作细节描述（表2－9）

表2－9　储位管理工作细节描述

项目	规范内容
确定库房储存条件	入库主管根据现有库房整体情况，结合公司储存物料与成品种类确定库房储存条件
规划库房空间	入库主管对库房用途进行细致合理划分、设计，并考虑其安全性、空间利用率等使用问题
选定储位储存搬运设备	入库主管根据库房规划选择成本较低的搬运设备
确定储位分配方式	入库主管依照物料、成品的分类情况，确定储位分配方式
进行物品货物编号	入库专员按照物料、成品的储位分配方式对物料、成品进行编号，便于日后查找
储位管理	入库主管定期或不定期对库房储位情况进行检查、管理
储位改善	对于安排不合理、不实际的储位，入库主管要对其进行及时调整、改善

2.10 保养保管工作细节描述（表2－10）

表2－10　保养保管工作细节描述

项目	规范内容
制定保养保管制度	仓储部经理制定物资保养保管制度，报请总经理审批后执行
验收入库	仓储部对物资检验后验收入库，根据物资的属性、包装、尺寸等的不同安排存放场所，进行苫垫
在库保管	仓库管理员对物资进行在库保管，具体包括控制仓库温湿度、防霉防腐、防锈、防虫害、安全、卫生管理等内容
在库检查	仓库管理员要定期或不定期做好物资的在库检查工作
异常问题处理	仓库管理员在物资的在库检查中发现异常情况应及时处理，对未能解决的问题要及时报请仓储部经理提出解决方案进行处理
出库复查	仓库管理员在物资出库时应仔细进行复查，确保出库物资的质量

2.11 安全管理工作细节描述（表2－11）

表2－11　安全管理工作细节描述

项目	规范内容
制定安全管理制度描述	仓储部经理制定物资保养保管制度，报请总经理审批后执行
库房安全管理	仓储部安全管理员执行库房安全管理工作
进出库人员安全控制	安全管理员负责对进出库房人员进行安全控制

续表

项目	规范内容
库房物资收发保管安全管理	（1）安全管理员负责对库房物资收发保管的安全管理，包括物资的安全储存管理和设备。 （2）工具的安全使用管理
库房消防管理	安全管理员负责库房消防管理
库房防盗管理	安全管理员负责库房防盗管理
及时处理	安全管理员发现安全管理的异常情况需及时处理，如不能解决要及时向仓储部经理汇报，由仓储部经理提出处理方案，必要时可寻求公安、消防等部门协助解决

2.12 盘点前仓库清理工作细节描述（表2－12）

表2－12 盘点前仓库清理工作细节描述

项目	规范内容
1	供应商所交来的物料尚未办完验收手续的，不是属于本公司的物料，所有权应为供应商所有，必须与公司的物料分开，避免混淆，以免盘入公司物料当中
2	验收完成物料应即时整理归仓，若一时来不及入仓，得暂存于场，收在场所的临时账上
3	仓库关闭之前，必须通知各用料部门预领关闭期间所需的物料
4	清理清洁仓库，使仓库井然有序，便于计数与盘点
5	将呆料、不良物料和废料预先鉴定，与一般物料划定界限，以便正式盘点时作最后的鉴定
6	将所有的单据、文件、账卡整理就绪，未登账、销账的单据均应结清
7	仓库的物料管理人员应于正式盘点前找时间自行盘点，若发现有问题应作必要且适当的处理，以利正式盘点工作的进行

2.13 盘点差异排查工作细节描述（表2－13）

表2－13 盘点差异排查工作细节描述

项目	规范内容
1	账物不一致是否确实，有否因料账处理制度有缺点而造成料账无法确实表达物料数目的事情
2	盘盈盘亏是否由于料账员素质过低，记账错误或进料、发料的原始单据丢失造成料账不足
3	是否盘点人员不慎多盘或将分置数处的物料未用心盘，或盘点人员事先培训工作进行不彻底而造成错误的现象
4	对盘点的原委加以检查，盘盈盘亏是否由于盘点制度的缺陷所造成的
5	盘点与料账的差异在容许范围之内
6	发生盘盈盘亏的原因，今后是否可以事先设法预防或能否缓和账物差异的程度

2.14 盘点后的修补改善工作细节描述（表2－14）

表2－14 盘点后的修补改善工作细节描述

项目	规范内容
1	依据管理绩效，对分管人员进行奖惩
2	料账、物料管制卡的账面纠正
3	不足料迅速办理订购
4	呆、废料迅速处理
5	加强整理、整顿、清扫、清洁工作

2.15 盘点后问题解决方案制定规范（表2－15）

表2－15 盘点后问题解决方案制定规范

项目	规范内容
1	呆料比率过重，宜设法研究，致力于降低呆废料
2	存货周转率极低，存料过多造成财务负担过大时，宜设法降低库存量
3	物料供应断货率过大时，要强化物料计划与库存管理及采购的配合
4	料架、仓储、物料存放地点足以影响到物料管理绩效，宜设法改进
5	成品成本中物料成本比率过大进，应予以探讨采购价格偏高的原因，设法降低采购价格或设法寻找廉价的代用品
6	物料盘点工作完成以后，所发生的差额、错误、变质、呆滞、盈亏、损耗等结果，应分别予以处理，并防止以后再发生

2.16 仓库盘点管理工作细节描述（表2－16）

表2－16 仓库盘点管理工作细节描述

项目	规范内容
准备工作	（1）组建盘点小组，在选取盘点、复盘、监盘或抽盘人员时，应该有一定的级别顺序。 （2）确定此次盘点的时间、范围、要求等各方面的信息资料。 （3）准备盘点所需的报表
制定盘点程序	在以往盘点工作的基础上，确定此次盘点的程序和方法，提交公司经过会议讨论、总经理审批后，列入公司正式的盘点程序或盘点制度
培训盘点人员	行政人事部组织相关人员培训所有参加盘点的人员，必要时进行相关的演练
清查盘点现场	仓储部应于盘点正式开始前，指定责任人进行仓库的清理和库存台账的整理工作

续表

项目	规范内容
扫描仓库的库位条码	（1）仓储部向物流信息部提出列印储位编码、库位清单的要求，后者应给予配合。 （2）仓储部、盘点小组人员分工扫描仓库的库位条码
扫描库位内货物条码	仓储部、盘点小组人员分工扫描库位内的货物条码，物流信息部列印货物库存表
核对库存	仓储部根据货物库存表，核对库存现状，按库位或按批核对，同时填写盘点表
追查差异原因	（1）仓储部、盘点小组根据物流信息部列印的货物库存差异表，发现账、物存在的差异。 （2）检查差异是否属实，查找造成物、账差异的真正原因
调整库存盈亏处理	（1）仓储部、盘点小组根据差异的真正原因，调整库存，填写库存调整表。 （2）盘点小组制定盘点盈亏报告表，确定处理对策，会同盘点工作报告提交总经理审批

2.17 库存盘点管理工作细节描述（表2－17）

表2－17　库存盘点管理工作细节描述

项目	规范内容
盘点前的准备	盘点前的准备工作主要包括库房的清洁与整理、盘点工具的准备、盘点区域的划分等
制订盘点计划	盘点计划主要包括盘点时间的制定、盘点范围的确定、盘点人员的职责划分、盘点过程中的注意事项等内容
盘点实施	（1）仓储部人员按照盘点计划展开现场盘点工作，为了保证盘点的准确，每次盘点一般实行两人一组。 （2）盘点表内的数字不能涂改，若有更改，必须签名确认
抽盘	财务部人员在盘点过程中应对盘点结果进行检查，若抽盘人员盘点数量与仓储部盘点的结果不一致，则应安排相关人员再次进行盘点
盘点分析报告	仓储部人员整理相关资料，并撰写盘存结果分析报告报仓储部经理、总经理审批，根据领导审批的意见，仓储部进行库存账目的调整

2.18 物料盘点程序细节描述（表2－18）

表2－18 物料盘点程序细节描述

项目	规范内容
1	准备工作
2	盘点日期的决定
3	盘点人员的培训
4	清理货仓
5	盘点方法的确定
6	差异原因的追查
7	盈亏的处理
8	运用统计技术分析与检讨

2.19 盘点准备工作细节描述（表2－19）

表2－19 盘点准备工作细节描述

项目	规范内容
1	（1）确定盘点程序与方法。 （2）对于以往盘点工作的不理想先加以检讨修正后，确定盘点程序与方法。 （3）公司的盘点程序与方法应经过会议通过后列入公司正式的盘点程序或盘点制度中
2	盘点日期决定要配合财务部门成本会计的决算
3	盘点复盘、临盘或抽盘人员的选取，应该有一定的级别顺序
4	盘点用的报表和表格必须事先印妥，并在人员培训时进行演练
5	仓库的清理工作，账目的结清工作

2.20 盘点培训内容工作细节描述（表2-20）

表2-20 盘点培训内容工作细节描述

项目	规范内容
对盘点人员培训	为使盘点工作顺利进行起见，每当定期盘点时，必须抽调人手增援。 对于从各部门抽调来的人手，必须加以组织分配，并进行短期的培训，使每一位人员在盘点工作中确实能够彻底了解并担任其应尽的任务
认识物料的培训	对于认识物料的培训，重点在于复盘人员与监盘人员，因为复盘人员与监盘人员多半对物料不太熟。加强复盘人员与监盘人员物料认识有以下方法： （1）分配易于认识的物料给物料认识不足的复盘人员和监盘人员（如财务、行政人员）。 （2）对所分配复盘的物料，加强复盘、监盘人员的物料认识培训。 （3）对物物料认识不足的复盘、监盘人员，每次盘点所分配的物料内容最好相同或相当接近，不要因每次盘点而变更
盘点方法的培训	工厂的盘点程序与盘点办法经过会议通过后，即成为公司的制度。 参加初盘、复盘、抽盘/监盘的人员必须根据盘点管理程序加以培训，必须对盘点的程序、盘点的方法、盘点使用的表单等整个过程充分了解，这样盘点工作才能得心应手

2.21 生产线盘点工作细节描述（表2-21）

表2-21 生产线盘点工作细节描述

项目	规范内容
1	生产主管事先将盘点工作准备好
2	生产主管下令生产停工后，必须领导监督各车间、线、位的操作人员将手上的工作完成
3	所有操作人员将手上工作完成后，即安排操作人员将所属零件、半成品摆在明显位置后，留下盘点人员，其余人员离开生产现场
4	以生产线盘点单进行生产线盘点工作，对零件及各站的半成品彻底加以盘点
5	盘点后，会同复盘点人员再盘点一次，若发现误差，即一起确认
6	盘点完毕，将所有生产线盘点单送至生产主管
7	生产主管安排人员汇总，做好盘点报表

2.22 货仓5S工作细节描述（表2-22）

表2-22 货仓5S工作细节描述

项目	规范内容
整理	（1）把呆废滞料进行处理。 （2）把一个月生产计划内不用的物品放到指定位置。 （3）把一周生产计划内要用的物品放到易取位置
整顿	（1）应有货仓总体规划图，并按规划图进行区域标识。 （2）物品按规划进行放置，物品放置位置也应规划。 （3）物品放置要整齐、容易收发。 （4）物品在显著位置要有明显的标识，容易辨认。 （5）货仓通道要畅通，不能堵塞。 （6）使用的运输工具使用后应摆放整齐。 （7）消防器材要容易拿取
清扫	（1）地面、墙上、天花板、门窗要打扫干净，不能有灰尘。 （2）物品不能裸露摆放，包装外表要清扫干净。 （3）运输工具要定期进行清理、加油。 （4）物品贮存区要通风，光线要好。 （5）一些水源污染、油污管等要进行修护
清洁	（1）每天上下班花3分钟做5S工作。 （2）随时自我检查，互相检查，定期或不定期进行检查。 （3）对不符合的情况及时纠正。 （4）整理、整顿、清扫保持得非常好
教养	（1）员工戴厂牌，穿厂服且整洁得体，仪容整齐大方。 （2）员工言谈举止文明有礼，对人热情大方。 （3）员工工作精神饱满。 （4）员工运输货物时小心谨慎，以防碰伤。 （5）员工有团队精神，互帮互助，积极参加5S活动。 （6）员工时间观念强

2.23 办公室5S工作细节描述（表2-23）

表2-23 办公室5S工作细节描述

项目	规范内容
整理	（1）将不再使用的文件资料、工具，废弃、处理。 （2）将长期不使用的文件资料按编号归类放置指定文件柜。 （3）将常使用的文件资料放置就近位置。 （4）将正在使用文件资料分未处理、正处理、已处理三类。 （5）将办公用品摆放整齐。 （6）抽屉内部物品摆放要少而精，并保持物品低于抽屉高度的三分之二以下为宜
整顿	（1）办公桌、办公用品、文件柜等放置要有规划和标识。 （2）办公用品、文件放置要整齐有序。 （3）文件处理完后匀要放入文件夹，且要摆放整齐。 （4）文件夹都要有相应的标识，每份文件都应有相应的编号。 （5）办公桌及抽屉整齐，不杂乱。 （6）私人物品放置于规定位置。 （7）电脑线用绑带扎起，不零乱。 （8）用电脑检索文件
清扫	（1）将地面、墙、天花板、门窗、办公台等打扫干净。 （2）办公用品擦洗干净。 （3）文件记录破损处修补好。 （4）办公室通风、光线通足。 （5）没有噪声和其他污染
清洁	（1）每天上下班花3分钟做5S工作。 （2）随时自我检查，互相检查，定期或不定期进行检查。 （3）对不符合的情况及时纠正。 （4）整理、整顿、清扫保持得非常好
教养	（1）员工戴厂牌，穿厂服且整洁得体，仪容整齐大方。 （2）员工言谈举止文明有礼，对人热情大方。 （3）员工工作精神饱满。 （4）员工运输货物时小心谨慎，以防碰伤

2.24 物料堆放的工作细节描述（表2－24）

表2－24 物料堆放的工作细节描述

项目	规范内容
物料堆放原则	（1）多利用货仓空间，尽量采取立堆放方式，提高货仓实用率。 （2）利用机器装卸，如使用加高机等以增加物料堆放的空间。 （3）通路应有适当的宽度，并保持装卸空间，则可保持物料搬运的顺畅，同时不影响物料装卸工作效率。 （4）不同的物料应依物料本身形状、性质、价值等而考虑不同的堆放方式。 （5）物料之仓储要考虑先进先出的原则。 （6）物料的堆放，要考虑存储数量读取容易。 （7）物料的堆放应容易识别与检查，如良品、不良品、呆料、废料的分开处理
物料堆放方法	（1）五五堆放法：根据各种物料的特性和开头做到“五五成行，五五成方，五五成串，五五成堆，五五成层”使物料叠放整齐，便于点数，盘点和取送。此方法适用于产品外形较大，外形规则的企业。 （2）六号定位法：按“库号，仓位号，货架号，层号，订单号，物料编号”六号，对物料进行归类叠放，登记造册，并填制物料储位图便于迅速查找物料的调仓。此方法适用于体积较小，用规则容器盛装，产品品种较少的企业。 （3）托盘化管理法：将物料码放在托盘上、卡板上或托箱中，便于成盘、成板、成箱地叠放和运输，有利于叉车将物料整体移动提高物料的保管的搬运效率。此方法适用于机械化仓库作业的企业。 （4）分类管理法：将品类繁多的物料，按其重要程度，进出仓率，价值大小，资金占用情况进行分类，并置放在不同类别的仓区，然后采用不同的管理规定，做到重点管理，兼顾一般

2.25 货仓管理工作细节描述（表2-25）

表2-25　货仓管理工作细节描述

项目	规范内容
货仓储存的三原则	（1）防火、防水、防压。 （2）定点、定位、定量。 （3）先进先出
货仓管理	（1）货仓位置选择较为合理，离生产车间较为适当。 （2）平面规划得当。 （3）储放立体化，节约储存空间。 （4）注意通道、照明、防火、防水、防盗等措施。 （5）物料包装、标示符合规范。 （6）依物料验收规定，点收物料。 （7）物料依序整齐摆放。 （8）保持整齐、清洁，5S工作已习惯化。 （9）建立了完整的物料账及物料卡。 （10）当日料账，当日完成。 （11）依发料规定发料。 （12）发料能提前准备。 （13）呆废料及时处理。 （14）能做好定期盘点工作。 （15）做好生产的后勤服务
仓储管理	（1）维护品质。辛辛苦苦制造出来的产品若是因为仓储设计不良或保管不当而损坏产品，降低品质，则未免代价太大了，为维护品质起见，仓储设计应考虑下列几点： ①温度、光线、温度等自然因素对产品的影响。 ②灰尘、公害、虫害等问题。 ③邻近产品或物料之间的相互影响。 ④物料重量影响与卡板放置情形。 ⑤有效储存期间及其保证。 ⑥防水、防火、防盗措施及设备。 ⑦除锈措施以及对酸、锈、盐的防护。 ⑧物料搬运的方便情况。 ⑨照明设备。

续表

项目	规范内容
仓储管理	（2）安全性。物料的保管应以安全为第一，处处要注意以下几点： ①危险物品应利用危险品仓库隔离保存。 ②易破损的物品应置放于稳定的场所，并标示“易破”或“不能倒放”等标签，以示注意。 ③堆放物品要考虑物品的需压程度，不因放置过高而将物品压坏。 ④高价物料宜放置于可锁仓库或投以火灾或盗窃保险。 （3）空间的利用。储存物料的场所，不论是仓库、棚舍或场地，必须利用空间，以有限的空间，求合理的最大储存量而发挥仓储管理的功能。 （4）节省人力。物料缴库、发料、退料的搬运工作、仓储的工作以及物料的记录，必须消耗大量人力。故必须以有限的人力发挥仓储管理的功效，并从工作计划、托运方法的合理化及选用适当的搬运工具，以求节省人力。 （5）降低成本。若物料存量过少，生产极易待料而造成若大损失；若物料存量过多，则造成积压物料储存成本（包括物料成本，物料取得成本，物料保管、搬运、记录、准备仓储的成本以及水、电、保险、税、耗损报废等仓储费用）。仓储位置不适当，以及仓储不能有效利用，则容易引起超额搬运、摆放材料困难，搬运人员与设备增加
储存注意事项	（1）危险物品应隔离存放。 （2）避免使用潮湿的地主做仓库，尽量用卡板垫底。 （3）防火、防盗、防水等防护措施应考虑周到。 （4）货物防压措施要做好，地面负荷不可超过。 （5）保持适当的温、湿度及通风条件。 （6）保证消防通道的畅通，通道不可堆放物品。 （7）良好的照明。 （8）物料放置要整齐、平稳。 （9）依分区及编号顺序排放。 （10）物料标示朝外。 （11）保持整齐、清洁，按“5S”要求维护

2.26 搬运控制工作细节描述（表2－26）

表2－26　搬运控制工作细节描述

项目	规范内容
搬运方式	（1）在生产过程的各个阶段搬运物品时，应提供防止损坏物资或使物品不会变质的搬运方法和手段。 （2）对搬运的控制可通过编制搬运作业指导书加以有效控制和监督。
搬运控制	（1）在工序间运送或搬运中，对易磕碰的关键部位提供适当的保护（如保护套、防护罩等）。 （2）对搬运人员要培训，使其能掌握必需的作业规程和要求。
运输工具	使用与物资特点相适应的容器和运输工具（如托盘、货架、板条箱、集装箱、叉车、载重汽车等），加强对容器和运输工具的维护保养。
搬运安全保证	（1）对精密、特殊的产品还要防止振动和受到温度、湿度等环境的影响。 （2）物资搬运过程中需通过环境有污染的地区时，搬运时应进行适当的防护。 （3）对易燃、易爆等或对人身安全有影响的产品，搬运应有严格的控制程序。 （4）对有防振、防压等特殊要求的物资，搬运中要采取专门的防护措施并加以明显的识别标记，注意保护有关的标识，防止丢掉或被擦掉。 （5）保证正确无误地送到指定的加工、检验点或仓库

2.27 贮存控制工作细节描述（表2－27）

表2－27 贮存控制工作细节描述

项目	规范内容
贮存的必备条件	（1）各种原材料、在制品、成品均应贮存在适宜的场地和库房。 （2）贮存场所条件应与产品要求相适应，如必要的通风、防潮、控温、清洁、采光等条件。 （3）应规定入库验收、保管和发放的仓库管理制度描述或标准。 （4）定期检查库存品的状况，以防止产品在使用或交付交前受到损坏或变质
贮存控制的要求	（1）贮存区域应整洁，具有适宜的环境条件。 （2）对温度、温度和其他条件敏感的物资，应有明显的识别标记，并加以单独存放，提供必要的环境
使用适当的贮存方法	贮存中可能会变质和腐蚀的物资，应按一定的防腐蚀和变质的方法进行清洗、防护、特殊包装和存放
采用必要手段进行监控	要对贮存品进行监控，采取必要的控制手段。如定期检验、对在库产品实行先入先出的原则，定期熏蒸消毒等，做好库存品的检验记录
规范出入库流程	物资入库应验收合格，并接收日期，做出适当标记，对有贮存期要求的物资，应有适用的贮存品周转制度，物资堆放要有利于存取，并防止误用
库存品管理	（1）定期检查库存品状况，限制非仓库人员进入，物资出库手续应齐全，加强仓库管理。 （2）贮存物品应有一套清楚完整的账物卡管理制度描述

2.28 呆料管理工作细节描述（表2－28）

表2－28　呆料管理工作细节描述

项目	规范内容
呆料产生的原因	（1）销售部门。 ①市场预测欠佳，以致造成销售计划不准确，致使企业准备过多的物料。 ②销售计划不时变更，造成生产计划随之变更。销售计划、生产计划的变更，同时造成物料计划的落空而产生呆料的增加。 ③顾客订货不确实，往往订单的取消、订单的更改，生产企业还来不及调整物料计划，于是产生大量的呆料。 ④顾客变更产品型号或规格。标准产品的变更影响较少，特殊订货产品的变更容易使已准备好的零件或包装材料成为呆料，从而难以利用。 ⑤销售部门接受订单时没弄清顾客对产品要求、产品条件及其他订货内容，或者销售人员没将完整的订货信息传递给计划部门，致使制造出来的产品惨遭退货，产品修理过程容易产生呆料。 （2）设计部门。 ①设计错误，等到试产时才发觉，因此准备的一部分物料变成呆料。 ②设计变更，来不及修正采购活动或存量时会造成呆料的产生。 ③设计人员设计能力不足，造成不切实际的设计。 ④设计时欠缺标准化而造成材料零件种类过多，增加呆料的机会。 （3）计划与生产部门。 ①产销协调不良，引起生产计划变更频繁，造成呆料发生的机会。 ②生产计划错误，造成备料错误，这也是呆料产生的原因之一。 ③生产线的管理活动不良，对生产线物料的发放或领取以及退料管理不良，从而造成生产线呆料的发生。 （4）物料控制与货仓部门。 ①材料计划不当，造成呆料的发生。 ②库存管理不良，存量控制不当，呆料也容易产生。 ③账物不符，也是产生呆料的原因之一。 ④因仓储设备不理想或人为疏忽而造成货物的污损。 （5）采购管理部门。 ①物料管理部门请购不当。 ②采购管理部门采购不当，如交期延误、品质低劣、数量过多等。 ③对供应商辅导不足，产生供应商品质、交期、数量、规格等种种不易予配合的事情而发生呆料的现象。 （6）品质管理部门。 ①进料检验疏忽。 ②采取抽样检验，允收的合格品当中仍留有不良品。 ③检验仪器不够精良

续表

项目	规范内容
呆料的处理	（1）调拨其他单位利用。本单位的呆料，其他单位仍可设法利用，可交呆料进行调拨。 （2）修改再利用。既成呆料，少有利用机会，仍可将呆料在规格上稍加修改，就能够加以利用。 （3）借新产品设计时推出，消化库存的呆料。 （4）打折扣出售给原来的供应商。 （5）与其他公司，以以物易物的方式相互交换处理之。 （6）破坏焚毁。对于无法出售、交换、调拨再利用的呆料宜以物料的类别分别考虑破毁、焚毁或掩埋
呆料的预防	呆料预防重于处理，对于呆料的发生，采取的预防措施可以如下： （1）销售部门。 ①加强销售计划的稳定性，对销售计划的变更要加以规划，切忌使销售计划变更频繁，使购进的材料变成仓库中的呆料。 ②顾客的订货应确实把握，尤其是特殊订货不宜让客户随意取消，否则材料准备下去，容易造成呆料。 ③消除顾客百分之百的优先主义，顾客订货的产品型号或规格减少变更，尤其是特殊型号和规格的产品更应设法降低顾客变更的机会，否则会造成很多的呆料。 ④销售人员接受的订货内容应确实把握，并把正确而完整的订货内容传送至计划部门。 （2）设计部门。 ①加强设计人员的能力，减少设计错误的机会，不至于因设计错误而产生大量呆料。 ②设计力求完整，设计完成后先经完整试验过程后才加以大批订购材料。 ③设计时要加强设计零件、包装材料等标准化的努力，这样就可尽量避免零件与包装材料种类过多而增加呆料的机会。 （3）计划与生产部门。 ①加强产销的协调，增加生产计划的稳定性，对紧急订单妥善处理，如此可减少呆料的产生。 ②生产计划的拟定应合乎现状，若生产计划错误而造成备料错误，自会产生呆料。 ③生产线加强管理、发料、退料管理的加强，则生产线上的呆料自然会减少。 ④新旧产品的更替，生产计划应十分周密，以防止旧材料变成呆料。

续表

项目	规范内容
呆料的预防	（4）货仓与物控部门。 ①材料计划应加强，消灭材料计划失常的现象。 ②对存量加以控制，勿使存量过多，而减少呆料发生的机会。 ③强化仓储管理，加强仓储与账面数据的一致性。 （5）采购管理部门。 ①减少物料的请购、订购不当机会。 ②加强辅导供应厂商，呆料现象自可降低。 （6）验收管理部门。 ①物料验收时，避免混入不合格物品，强化进料检验并彻底执行。 ②加强检验仪器的精良化，减少物料“鱼目混珠”的机会，消灭不良物料入库的机会

2.29 废料管理工作细节描述（表2－29）

表2－29　废料管理工作细节描述

项目	规范内容
废料产生的原因	（1）陈腐。物料长久未加以动用，陈腐不堪而失去使用价值。 （2）锈蚀。机械设备耐用年数一过，无论如何保养，终必推动使用价值，报废拆解后自然形成废料。 （3）边角料。钢料、布匹、胶皮、电线等，加以裁剪后必会产生边角零头或碎屑。 （4）拆解的产品。不良产品的拆解，必然会产生不少已无利用价值的零件或包装材料
废料的处理	在规模较小的企业，废料积累到一定程度时出售处理。在规模较大的企业，可将废料集中一处并从事物料解体的工作，将解体后的物料分类处理： （1）废料解全后，其中有许多可移作他用的物料，如胶管、机械零件、电子零件等可以重新保养使用。 （2）废料解体后，其中仍有残料，如钢条，钢片等可做残料利用。 （3）废料解体后所剩余的废料应小心分类，将钢料、铝、铅、铜、塑胶等适当分类。若有工厂再制，即送工厂再制。分类后的废料依适当的价格向废品回收机构出售，废料分类可卖得较高的价钱

续表

项目	规范内容
废料的预防	（1）设法防止物料的陈腐。 ①减少呆料的闲置，设法利用。 ②洽谈原有供应厂商，以旧料换新料，防止物料陈腐发生。 ③寻找物料的替代品，防止物料的陈腐。 （2）减少物料锈蚀之现象。物料防止酸锈的侵蚀、湿气的侵蚀，在物料上可选用耐酸不易锈蚀的材料。 （3）防止剪裁边隙，增加钢板、布匹、胶皮等的使用率。 （4）建立先进先出的物料收发制度，以免物料堆积过久而成为陈腐报废的物料。 （5）推选预防保养机器设备，作定期保养与维护，以减少机器的报废而发生的废料。 （6）预防虫咬现象的发生。老鼠、蟑螂、蛀虫等足以破坏物料的虫害彻底消灭

2.30 库存量控制工作细节描述（表2－30）

表2－30　库存量控制工作细节描述

项目	规范内容
设定库存基准	库存控制主管依据去年的标准估算月用量，并在估算月用量的基础上设定请购点和采购期限，从而确定库存基准。库存基准的设定应区分物资使用的经常性和稳定性
判断库存现状	库存控制主管根据库存控制专员汇总的当前的库存信息判断当前的库存状况。库存状况包括三个方面，即库存量低于库存基准、存在用料差异以及物料使用日期的变更
提出库存优化措施	库存控制主管针对不同的判断结果应提出不同的应对措施： （1）针对库存量低的情况，填写请购单，由采购部进行相关物资的采购。 （2）针对用料异常的情况，填写用料异常反应单，由相关部门和仓储部共同分析用料差异的原因，并制定对策。 （3）针对物资需求期变更的情况，则进行库存状况调整，填写交期变更联络单

续表

项目	规范内容
库存信息更新	库存控制专员根据库存量的变更情况，对库存信息进行实时更新，确保库存控制的合理性及库存信息和数据的准确性

2.31 库存管理细节描述（表2－31）

表2－31 库存管理细节描述

项目	规范内容
确定存货总价值及年销售比率	存货额与销售额的比率等于按成本计算的总库存额除以年销售量
明确供应日数	供应日数等于按成本计算的存货总值除以按成本计算的日销售额
选择库存管理方法	常用的库存方法有双堆法、连续法、定期法、MRP法、JIT法、非强制补充供货法等，在订货数量、订货点、检查周期、需求率、前置时间以及保险存货量等方面进行计算，区分库存管理方法的特点

2.32 ABC法分类管理工作细节描述（表2－32）

表2－32 ABC法分类管理工作细节描述

项目	规范内容
预测物资年使用量	库存控制专员根据企业生产计划和采购计划，在同去年同期出、入库数量进行比较的基础上推断物资的年使用量
确定每种物资价格	在确定每种物资的价格时，应当选用统一的计算方法，可以选择进货价格或出货价格作为统一计算标准

续表

项目	规范内容
对使用物资进行排序	通过物资单价乘以物资数量，计算出每种物资的占用金额，并按照年占用金额的大小排列出全部品种的商品
计算累计金额及其比例	按照商品占用金额多少，将其编号、使用量、单件、占用金额填入ABC分析表，并计算出库存累计占用的总金额及各种商品占用库存金额的比例
制作ABC分析图	以“品种数累计百分比”为横坐标，以“占用资金累计百分比”为纵坐标，绘制ABC分析图
分析并确定商品类别	（1）A类商品品种占库存总数的10%～20%，其价值占总数的70%～80%。 （2）B类物资品种占存货总数的30%，其价值占总金额的15%～25%。 （3）C类物资品种占存货总数的50%～60%，但其价值只占总金额的5%

2.33 滞料处理工作细节描述（表2－33）

表2－33　滞料处理工作细节描述

项目	规范内容
滞料信息收藏	库存控制专员依照库存类别，对一定期限内无异动或异动数量未超过一定百分比的材料信息进行收集，并将收集结果制成标准，送交库存控制主管
组织查找滞料原因	库存主管组织生产部及其他材料使用部门对产生滞存的原因进行分析
拟定处理方式和处理期限	在查找原因的基础上，制定处理方式和处理期限，其中处理方式包括转用、出售、交换、拆用以及报废等
进行处理	生产部及其他相关部门根据确定的处理方式，在规定的期限内对滞料进行处理
汇总处理信息	库存控制主管对滞料的处理信息进行汇总，包括处理方式、处理是否逾期等

2.34 库存控制管理工作细节描述（表2-34）

表2-34 库存控制管理工作细节描述

项目	规范内容
库存计划	仓库主管根据生产计划制订年度库存计划，报生产总监审批
库存记录	对入库、出库进行记录控制，获得第一手统计资料，便于进行差异分析
审核	生产总监对仓库主管提供的差异分析进行审核，考虑是否追加采购申请
合理安排使用	仓库管理部门对仓库物资进行合理调配使用，并做好仓库管理记录工作

2.35 物料领用管理工作细节描述（表2-35）

表2-35 物料领用管理工作细节描述

项目	规范内容
制定领料制度	仓库出库主管制定物料领用管理制度描述，上报仓储部经理审批后生效执行
填写领料单	生产车间根据生产需要，依照领料单填写标准填写领料单
签字确认	车间主任在领料单上签字，确认领料事宜
签发出库凭证	仓库出库主管对出库单进行审核无误后，签发出库凭证
凭证核对	出库专员对物料领用和出库凭证进行核对，确认无误后开始准备发料
物料交接	物料复核无误后，出库专员与领料员办理物料交接手续，并在相应的单据上签字核实
台账处理	仓库出库主管进行仓库台账处理

2.36 限额发料管理工作细节描述（表2－36）

表2－36 限额发料管理工作细节描述

项目	规范内容
确定发料限额	仓储部与生产部按照生产计划和企业的生产消耗定额标准，以及产品的品种、批别和物料名称确定定额发料限额
填写限额发料单	生产车间按照生产需要填写定额领料单，通过定额领料单向仓储部门提出领料申请
限额核对	仓库管理人员核对生产车间定额领料表上的领料数量，看是否超过既定的领料限额
申请计划外用料	当领料数量超过领料定额时，生产车间提交计划外用料申请，该申请经过生产部和仓储部审批后生效
发放物料	仓库管理人员按照限额领料单发放物料，并在发放物料后根据领料单记账
期末统计用料	在每个企业运营周期末，仓库管理人员根据领料单，核算各部门、车间的实际用料量，交财务部和生产部登账和备查

2.37 货物出库准备工作细节描述（表2－37）

表2－37 货物出库准备工作细节描述

项目	规范内容
签发发货单	（1）销售部对客户提交的订货单进行审核，经确认无误后，销售主管签发发货单，并将发货单交给出库主管。 （2）出库主管核实发货单的内容，据此填发出库单
包装检查	出库专员根据主管填写的出库单备货、理货、置货，做好货物出库的准备工作

续表

项目	规范内容
组配、分装	（1）出库专员根据运输的需要，对待领货物进行组配封装，或拆零分装。 （2）对受损的包装进行加固或重新包装；对于易碎货物要加装相应的衬垫物
货物包装标识	包装完成后，出库作业人员应于货物包装的显眼处添加标识，标明货物的名称、规格及提货单位等
出库交接	出库专员联系货物配送部门，协调好搬运装载工具，按照规定办理出库交接手续
通知发运的时间和地点	出库专员发货准备完毕后，通知相关单位，确定提货的时间和地点

2.38 货物出库管理工作细节描述（表2－38）

表2－38　货物出库管理工作细节描述

项目	规范内容
签发货单	销售人员对客户发送的订货单进行审核，审核通过后，签发发货单，并将发货单交给出库主管
接收出库单	（1）出库主管收到发货单后，审核发货单的填写是否符合标准、发货手续是否齐全等，然后签发出库单。 （2）出库专员根据出库单，核对货物的名称、规格、型号等是否与现有货物相符等
备货	出库专员核对出库单，无误后按照出库单进行备货，主要工作包括理单、销卡、核对、点数、批注标识、签单等
货物复核	为避免备货出错，出库专员应按照公司制度对已经准备好等待装运的货物进行复核，复核的内容主要有货物的名称、规格、型号、批次以及提货单位等

续表

项目	规范内容
货物包装标识	复核无误后，出库专员将货物按照装运的需要进行包装，并且在包装的显眼处添加标识，标明货物的名称、规格、数量以及提货单位的名称等
登账	出库专员按照公司的相关规定对出库货物进行登账
货物交接	出库专员和提货人再次对物料进行复核，复核无误后，办理相应的货物交接手续，出库专员和提货人均在发货单上签名核实
善后清理	发货完成后，出库专员对货物堆放的现场进行清理，并且对在库的相同货物进行清点，检查账、单、卡是否一致，若不一致必须立刻着手查清原因

2.39 出库单流转处理细节描述（如表2-39所示）

表2-39 出库单流转处理细节描述

项目	规范内容
开具发货单	业务人员根据客户的订货单或订货合同填写发货单，并将发货单交给仓库
接收发货单	仓储部接收发货单，仓储部经理核对发货单，经确认无误后签字交给仓库管理员备货
仓库备货	仓库管理员根据发货单进行备货、理货
根据实际发货量填写发货单	仓库管理员根据实际发货数量，填写发货单
签发发货单和发货清单	仓库管理员在确认货物结算事宜已办妥后，填写发货单，并签发发货清单
凭单提货	客户指派的提货人凭发货单和发货清单提货出库
货物交接	仓库管理员与提货人办理货物交接手续，双方共同核实货物数量
门卫复核签收发货单	门卫核查提货人所持的发货单与货物，复核无误后签字收回发货单

2.40 自提提货单流转工作细节描述（表2－40）

表2－40　自提提货单流转工作细节描述

项目	规范内容
接收提货单	销售部业务人员根据客户的提货通知，填写提货单，向仓储部提出提货申请
填写货物出门证	仓库管理员核对提货单的具体内容是否符合相关规定，核对提货单的印鉴、背书有效期以及其他内容是否正确。审核无误后，签发一式两联的货物出门证，一联给提货人，一联给仓库备货用
登账	仓库管理员根据提货单在“物资明细账”的出库记录栏内登账，并在提货单上签名，批注出库数量和结存数量
按提货单备货	仓库管理员按照提货单备齐货物；提货人凭取到的货物出门证，向仓库管理员提货；仓库管理员待货付讫，应盖付讫章，与提货人办理货物交接手续
交货并盖销提货单	提货人清点并提取货物，仓库管理人员盖销提货单
收回出门证、放行	提货人凭货物出门证出门，门卫收回货物出门证，并在当天将出门证交给财务人员
账务核对	1. 财务部将出门证与已收回的提货单进行核对，如果发现提货单或出门证不符，应该立刻追查原因。 2. 仓库管理员在货物出库后，对在库的相同货物进行清点，看账、物、卡是否一致，若不一致，则立刻查找原因

2.41 物料配送管理工作细节描述（如表2-41）

表2-41 物料配送管理工作细节描述

项目	规范内容
备货	仓储部接到业务部门的出货通知单后，在相关部门的配合下，完成有关的质量检查、结算、交接等工作
储存	仓储部在执行配送时，按分拣配货要求，在货场进行少量储存准备，以便于配送作业更有效地进行
分拣	仓储部根据客户的订货需要或企业的配送计划，迅速从储位或其他地区拣出，并按照一定方式进行分类、集中，等待配装送货
配装	仓储部为了提高送货水平，降低送货成本，在单个客户配送数量不能达到车辆的有效运载负荷时，将向不同客户配送的货物进行集中，并搭配装载以充分利用运能、运力
物料运输	仓储部运输调度专员选择合适的运输线路，将车辆进行合理调度，保证资源利用的最大化

2.42 拣选式配货工作细节描述（一）（表2-42）

表2-42 拣选式配货工作细节描述

项目	规范内容
确定需拣选的商品	仓储部接到出货单后，按照一单一拣的原则，明确需要拣选的商品
明确商品存储位置	仓储部在明确需拣选的商品后，参照仓库储位设计原则，进一步明确商品在仓库中的位置
选择最短取货路线	仓储部根据订单及确定的待选商品位置，合理设计取货路线

续表

项目	规范内容
到各货位分别取货	仓储部负责取货人员运用适当的工具，到各个货位上取货
更改商品保管卡	仓储部负责取货人员在取货结束后，及时更改仓储保管卡

2.43 拣选式配货工作细节描述（二）（表 2－43）

表 2－43　拣选式配货工作细节描述

项目	规范内容
统计带拣选的商品	仓储部将业务部门的出货单进行集中汇总，统计各类待选商品的出货总量
安排各客户分货货位	仓储部合理安排各客户的分货货位
集中选取商品	仓储部集中取出共同需要的货物
更改商品保管卡	仓储部负责取货人员在取货结束后，及时更改仓储保管卡

2.44 运输送货管理工作细节描述（表 2－44）

表 2－44　运输送货管理工作细节描述

项目	规范内容
配送计划	配送专员根据业务情况，制订配送计划，报运输配送主管审批
暂定送货先后顺序	配送专员根据具体业务情况，初步拟定送货顺序

续表

项目	规范内容
通知	业务部根据送货安排，通知客户，并与客户就具体事项进行沟通
确定送货顺序和时间	运输调度专员根据车辆情况，最终确定送货顺序和具体时间
货品装运及手续办理	办理相关货品的出库和运输手续

2.45 物料运输管理工作细节描述（如表2－45所示）

表2－45 物料运输管理工作细节描述

项目	规范内容
拟定运输方案	仓储部根据业务部的发货通知，拟定运输方案
开具提货单	如需要提货，仓储部则开具提货单
凭提货单取货	运输人员凭提货单提货
配货	装卸专员组织货品装卸，办理各种手续，进行货品运输
中途发生意外事故	如果中途发生意外事故，运输配送主管根据实际情况调整运输方案，如道路、天气等原因

2.46 装卸搬运管理工作细节描述（表2－46）

表2－46　装卸搬运管理工作细节描述

项目	规范内容
装卸搬运安排	装卸专员根据到货物料的性质，进行装卸安排
通知	仓储部接到到货通知后，根据物料的性质确定存储的位置，并做好相应的准备
卸货搬运	装卸专员在仓储部准备好后，组织货品的搬运
入库检查	仓储部进行货品入库检查，并核实货品的数量、质量、完好程度
责任划分	对货品所出现的问题，仓储部和装卸人员进行详细记录，同时进行责任划分，报仓储部经理进行审批和确定
备案	仓储部和装卸专员都要对责任情况进行备案，以便对相关人员做出处罚

2.47 物料发送管理工作细节描述（表2－47）

表2－47　物料发送管理工作细节描述

项目	规范内容
签订合同	业务部与客户签订发货合同
拟定运输计划与方案	运输配送主管根据合同内容拟定运输方案
开具提货单	仓储部开具提货单
组织提货	运输配送主管组织运输人员凭提货单取货，进行物料交接和装运
发货通知	运输配送主管发出发货通知，并告知客户准备接货

2.48 发货单处理工作细节描述（表2-48）

表2-48 发货单处理工作细节描述

项目	规范内容
1	订单处理工作包括接受转单、输单、分单、开出发货单和跟单反馈等业务
2	（1）订单业务员在接到销售计划部转来的订单后，应及时完成输单业务 （2）对于存在缺货的请购单，订单业务员应进行分单，即根据库存情况，逐批次地完成该订单的发货。 （3）分单处理应及时反馈到销售计划部，以利于销售计划部及时与办事处或客户沟通
3	所有开具的发货单在交由储运之前，应报物流部经理或储运主管进行复审，确定无误后签字，办理发运
4	订单业务员应对进入发货程序的每一订单，进行跟踪管理，知悉订单所处的程序环节，以督办订单发货业务及时处理，并反馈到销售计划部

2.49 储运管理工作细节描述（表2-49）

表2-49 储运管理工作细节描述

项目	规范内容
1	储运主管应组织仓库全体员工，严格按公司的仓库管理制度描述，管理好仓库的各项工作（参阅办事处仓库管理制度描述）
2	仓管员按生产部门开具的入库单，对成品进行入库前的检查，核对好品种、数量与包装完好后，开具入库单，同时调整库存记录
3	仓管员根据发货员的发货单（仓库联）审核无误后，开具出库单，出库检验员协助备货员清点发货数量与品种后，由备货员在出库单上签字确认

续表

项目	规范内容
4	备货员备妥货物后，编号员及时对该批次货物的编号与客户名称记录清晰，留作备查
5	发货司机接到备货员转交的货物与出库单据后，办理运输手续。办妥后将发货凭证转交订单管理员或销售计划部的市场管理员
6	储运主管应逐月按上月平均日发货数量，测算出各品种的安全库存定额（以周出货量计算）。每天向销售计划部报送达到或低于补货点的品种与数量（注明产品的 ABC 属类），或按销售计划部的要求上报库存情况

2.50 退货管理工作细节描述（表 2－50）

表 2－50　退货管理工作细节描述

项目	规范内容
1	（1）物流部收到退货后，及时反馈到货信息，根据随箱所附的退换货申请的批准表和清单对该批货物清点、验货。 （2）进行入库或其他适当的处理，将处理结果反馈到销售计划部或客户服务部
2	（1）如箱内未附退换货申请的批准表或清单，则对该批货物不予处理。 （2）将信息通知销售计划部或客户服务部

第3章

物流管理常用制度描述

3.1 物流部库存管理制度描述

物流部库存管理制度

目的

第一条　规范库房的管理，合理利用仓储资源，保障公司生产制造与财产安全。

适用范围

第二条　公司内所有生产用物资、设备、工、夹、刀具存放库房的管理。

适用单位

第三条　所有库存。

职责

第四条　记账人员。认真、仔细登录每笔物资的出入单据，依据财务工作通知及时更新、调整各账目数据，做到账卡物数据一致；协助库管人员对库存物资进行收发和摆放、数量的整理；根据制度规定监督一切违纪行为。

第五条　库房管理人员（以下简称库管员）。认真、仔细的按作业流程收发每单据物资，做到单据数与实物数一致；根据生产工作所需，按部门主管的摆放规划随时对库存物资进行摆放调整；按规定监督进、出库房的人员；对涉及安全或摆放不合理的地方提出建议。

第六条　部门主管人员。详细、合理的对库房所存放物资进行摆放规划，随进度调整；监督记账人员、库管员日常工作的开展；因工作所需协调、配合各部门工作的开展。

工作纪律

第七条　严守工作岗位，不擅离工作岗位、不串岗、不做与工作无关的事情。

第八条　服从领导工作安排，积极配合其他部门工作的开展。

第九条　未经部门主管和以上人员许可，不得私自将库房内物资带出库房或公司。

第十条　不得人为破、损坏库房内的物资、工具、设备、存放设施；不得人为制造物资存放、消防、用电安全隐患。

第十一条　库房根据工作所需配备记账人员、库管员，工作时间内确因工作所需离开库房的，相应库房应安排人员留守（遇车间加班的情况适用）。

第十二条　下班前应对库房的防火、防盗、用电、运货通道设施作检查，及时排除隐患。

第十三条　除相关物资的计划、配套、库管、检验、装配工作领用人员及部长级以上人员可因工作所需出入库房外，其他人员未经部门主管人员授权一律不允许进入库房。

第十四条　为方便工作的开展，对以下情况作相应规定：

1. 涉及有经销商、用户、维修站人员等需要到厂购买成品、零配件的，由销售部安排人员负责接洽、办理购买手续和取货（由物流部安排成品、零部件的装卸），其购买人员一律安排于销售部内等候，不允许进入公司任何库房内。

2. 涉及有客商（二级经销商、用户、维修站人员除外）或国家行政部门人员需要参观库房的，必须有1~2名公司人员陪同。

3. 因货物的出、入库所涉及需要配套厂商人员进入库房的，质检部必须安排相应质检人员全程监督。

物资存放管理

第十五条　物资的存放应以存取方便、不破坏物资自身质量为原则。根据部门主管人员存放规划各单一物资间应有有效的防护措施。

第十六条　保证物资摆放的整齐、美观，及时调整、消除一切影响整齐与美观的不正常因素。

第十七条　按每一库房、每一类物资建立标识牌，标识牌内容应包括公司名称、库别、类别、编号。

第十八条　库房物资的存放，以库房为基础，以储物架为单位，以储物架每一存放区域为单元建立物资储存卡；每种物资储存卡应有物资名称、规格，库、架、区编号、名称（如：01库01架01区）及存放物资的数量信息。每种物资数量的增减与位置的改变应及时更改储存卡的信息。

第十九条　每种物资的存放，应建立最小标准包装，以便于存储、取用与数据的核查。

第二十条　需作防腐、防潮、防锈蚀措施的相关物资，由部门主管人员根据物资特性提出规划，库管员依据规划要求落实（须其他部门协作的由部门主管人员协调）。

工作作业流程

第二十一条　物资的验收入库适用于《物资收货入库流程》和《机加工车间毛坯及半成品零件收货入库流程》。

第二十二条　物资的领用、更换出库适用于《物资领用出库流程》和《物资出门管理规定》。

第二十三条　物资的退货。零配件退供应商适用于《退货流程》；经销商退货适用于《经销商退回物资处理流程》。

第二十四条　按季对库存需报损、报废物资进行清查、处理，适用于《废旧物资处理流程》。

物资账目管理

第二十五条　物资账目应保持账面清晰无涂改、数据准确、物资流向清楚。

第二十六条　账面信息应反映出物资的名称、规格、数量、所属类别、存放具体位置和出入库明细。

第二十七条　物资的实际库存数、储存卡当前结存数、账目当前结存数应三数一致，记账人员与库管员应以账目数据为基础不定期核查、核对，对三数不一致的情况及时查找原因，平衡数据（对账目数据不能作任何涂改），无法查找原因的及时上报主管人员解决。

第二十八条 账目的调整于每月25日盘点后对确须调整的账目，由财务部门人员列出清单，相应物资记账人员根据所列清单对相应物资账目进行调整并加盖调账印章。

第二十九条 记账人员以每周星期一和每月25日盘点以及每年年终盘点为一个周期统计、制作物资库存报表上报财务部、物资计划部门、总经理。

第三十条 记账人员应妥善保管相应物资的账目，除记账人员、财务管理人员、物资计划人员、部长级以上人员可以使用账目；库管员、部长级人员、办公室职员可以通过记账人员了解单项物资账目数外，其他人员一律不得使用、查询账目。

安全管理

第三十一条 库房的安全包括物资的存放与搬运、堆码安全、消防安全、用电安全、防盗安全。

第三十二条 物资的存放、搬运、堆码由部门主管人员按物资自身的物理特性、化学特性和公司库房的现状确定其安全的存放、搬运、堆码方式，库房人员严格按即定方式执行，因违规操作发生的事故责任由操作人员自行承担。

第三十三条 各库房按统一规划设置防火、防盗、用电设施，不得堵塞、圈占防火、用电通道，未经主管人员许可不得将防火设施另作他用或搭接用电设备、破坏防盗设施。

第三十四条 库管员配合主管人员应随时对库房的安全隐患进行检查，发现问题及时调整，遇到自身不能处理的情况，及时上报主管人员解决。

第三十五条 作好安全事故发生时的应对措施，发生安全事故相关库房人员应及时上报并作好安全事故对人身造成伤害时的逃生准备。

第三十六条 物流部主管人员应作好定期对库房人员的安全知识培训

和安全实作训练规划，并按规划协调相关部门、人员开展培训工作。

第三十七条　根据库存物资的取用情况，合理的设置取物通道。取物通道的设置应以快捷、畅通为原则，应随时保持取物通道的畅通与整洁。

第三十八条　库房管理所涉及的奖、罚措施。

1. 按库房管理规划对物资收发安全、高效，一年以内无任何数据差错、安全事故、质量事故的，经部门主管上报，企管部核查后属实的，公司予以____元奖励。

2. 及时制止偷窃行为，防止公司财产遭受损失，经企管部查证属实者，根据价值的大小，公司予以5～500元的奖励。

3. 突遇火情时，及时采取措施，避免公司财产遭受损失者，经企管部查证后根据财产价值的大小，公司予以5～1000元奖励。

4. 日常工作中对违规行为进行检举，经企管部查证对违规者进行处罚后，以所处罚金的50%予检举者奖励。

5. 库房管理工作中提出合理建议，经部门主管上报，企管部会同相关部门、人员评估查证后确能给公司带来经济效益的，公司予____元奖励。

6. 凡违反第九条、第十条所规定的，经企管部查证后，按所涉物资金额的双倍进行罚款，情节特别严重的辞退出公司并移交国家公安机关处理。

7. 对未按制度开展工作或工作不积极的相关工作人员，经企管部查证属实后第一次予以警告，第二次罚款50元，第三次辞退出；部门主管人员负连带责任，按每次罚款20元递增。

8. 对存在安全隐患不整改或知而不报的相关工作人员，经企管部查证后予以每次50元罚款，部门主管人员负连带责任。

9. 人为制造安全隐患的，经企管部查证属实后第一次罚款100元，第二次辞退出公司。

10. 以上处罚条例涉及与公司奖惩制度相冲突的，以公司奖惩制度所规定的为准。

3.2 物资入库验收管理制度描述

物资入库验收管理制度

总则

第一条　目的。

为了确保所有入库物资的质量都符合企业的要求及生产经营需要，避免不合格的物资入库或投入使用，特制定本制度。

第二条　适用范围。

本制度适用于所有进入本企业仓库的物资的验收。

第三条　相关定义。

入库验收是对即将入库的物资进行质量、数量、包装、规格的查验，是保证入库物资质量的重要环节之一。

第四条　相关部门职责。

1. 仓储部验收人员负责所有物资的数量、重量、规格的验收，并检查包装及外观情况。

2. 质量管理部质量检验人员负责所有物资的质量检验工作。

入库验收的规划

第五条　入库验收的内容。

1. 核对采购订单与供货商发货单是否相符。

2. 检查物资的包装是否牢固、包装标志标签是否符合要求。

3. 开包检查物资有无损坏。

4. 物资的分类是否恰当。

5. 对所购物资的数量、尺度进行检验。

6. 检验物资的气味、颜色、手感等。

第六条　入库验收的方式。

1. 入库验收有全检和抽验两种方式，全检主要是指对数量的全检，大批量到货一般只进行抽验。

2. 若采用抽验的方式，则需要根据物资的特点、价值高低、物流环境等综合考虑，确定合理的抽验比例。

第七条　入库验收的方法。

1. 视觉检验。

在充足的光线下，观察货物的颜色、状态、结构等表面状况，检验其是否发生变形、破损、脱落、变色、结块等情况。

2. 听觉检验。

通过摇动、搬运操作、听取声音、轻度敲击，以判断物资的质量。

3. 触觉检验。

利用手感鉴定货物的光滑度、细度、黏度、柔软度等，以判定其质量。

4. 嗅觉、味觉检验。

通过货物所发出的特有的气味、滋味，测定、判定其质量。

5. 测试仪器检验。

利用各种专用测试仪器鉴定货物品质，如对含水量、密度、成分、黏度、光谱等的测试。

6. 运行检验。

对货物进行运行操作，如车辆、电器等，检查其是否能够正常运行。

物料验收的程序

第八条　处理采购单。

入库验收专员收到采购部转来的采购单后，即应按物资类别、来源和入库时间等分门别类归档存放。

第九条　物资标签。

在物资待验入库前，入库验收专员应于外包装上贴好标签，并详细填写批量、品名、规格、数量及到达日期，且与已验收的物资分开堆放。

第十条　内购物资验收。

1. 物资入库前，入库验收专员应对照采购单，对物资的名称、规格、料号、数量、送货单位和发票等一一清点核对，确认无误后，将到货日期及实收数量填入验收单。

2. 如发现实物与采购单上所列的内容不符，入库验收专员应立即通知采购人员及主管，原则上不予接收入库；如果采购部要求接收入库则应在单据上注明实际验收状况，并要求采购部在验收单会签。

第十一条 外购物资验收。

1. 外购物资入库前，入库验收专员应会同质量管理部按照装箱单及采购单开柜（箱）核对物资名称、规格、数量，并将到货日期及实收数量填入验收单。

2. 开柜（箱）后，如发现所装载的材料与装箱单及采购单所记载的内容不符时，应通知办理进口手续的采购人员及时进行处理。

3. 若发觉所装载的物资有倾覆、破损、变质、受潮等异常现象时，应先初步计算损失。

（1）若损失超过____元以上（含）者，入库验收专员应及时通知采购人员联络公证处前来公证或通知代理商前来处理，并尽可能维持原异常状态。

（2）如损失未超过____元，则依实际数量办理验收，并于验收单上注明损失数量及实际情况。

4. 经公证处公证或代理商确认后，入库验收专员开具索赔处理单，呈相关主管审核后，送财务部及采购部督促办理。

第十二条 入库验收结果的处理。

1. 合格物资的处理。

经验收合格的物资，入库验收专员应在外包装上贴“合格”标签，以示区别，入库管理员可根据标识办理合格品入库定位手续；入库验收专员于每日工作结束时，将本日所收物资的数量汇总填入验收日报表，以作为入账消单的依据。

2. 不合格物资的处理。

不符合验收标准的物资，入库验收专员应在外包装上贴“不合格”标签，并于物资验收报告表上注明不良原因，报相关主管请示处理办法，然后转采购部相关人员处理，并转相关人员办理退货手续。

3. 交货数量超额的处理。

经过验收，若发现交货数量超过“订购量”部分，原则上应予以退回。但对于以重量或长度计算的材料，其超交量在3%以下时，可在验收单备注栏内注明超交数量，经请示相关负责人同意后予以接收。

4. 交货数量短缺的处理。

经过验收，若发现交货数量未达“订购量”时，原则上应要求供应商予以补足，经请购部门负责人同意后，可采用财务方式解决。

第十三条　急用品入库处理。

对于需急用的物资，若物资到达时仓储部仍未收到请购单，入库验收专员应先询问采购部相关人员，经确认无误后，方可进行入库验收和办理入库手续。

第十四条　退货处理。

对于不合格的物资办理退货时，应开具物资交运单并附物资验收报告表呈主管签认，作为异常材料的出厂凭证。

验收时间的相关规定

第十五条　属外观等易识别性质检验的物资，验收应于收到物资后1天内完成。

第十六条　属化学或物理检验的材料，检验部门应于收到物资的样件后3天内完成。

第十七条　对于必须试用才能实施检验者，由检验主管于物资验收报告表中注明预期完成日期，一般不超过7天。

附则

第十八条　实施与修正。

本制度呈总经理核准后，于颁布之日起实施。

3.3 不同货物验收管理制度描述

不同货物验收管理制度

总则

第一条 目的。

为了保证货物的质量，统一进货验收办法，确保不进不合格的货物，特制定本细则。

第二条 适用范围。

适用于公司自采、代客户购买及客户自采货物的验收。

第三条 相关部门职责。

1. 仓储部是货物入库验收的主管部门。

2. 质量管理部质检员负责本公司货物的质量检验工作。

货物验收细则

第四条 货物在入库前必须进行相关验收，合格品才能办理入库手续。

第五条 电器验收。

1. 对大件货物，要百分之百进行检查，包括质量合格证明、外包装有无破损、是否受潮和变形、型号规格是否正确、标识是否完好，并填写进货验证记录。

2. 对小件货物，按《统计技术应用方法及抽样规定》进行抽样检查。

3. 如需本公司送货，送货人应在客户现场进行安装调试，工作一切正常后由客户在送货单上签字确认。

第六条 下列货物采用抽样验收的方法，抽样的规则应按照《统计技术应用方法及抽样规定》实施。

1. 包装食品类货物的验收。

（1）对食品外观包装进行检查，检查其是否破损、变质、污染等。

（2）检查食品标签内容是否真实，包括名称、配料表、净含量、固形物含量、制造者、经销者的名称和地址、日期标志和储藏指南、质量等级、产品标准号及其他特殊标注内容等，还要核查保质期是否超过期限。

2. 服装类货物的验收。

（1）外观检查，检查其有无破损、污染、褶皱等。

（2）货物标签内容是否正确，包括名称、厂名、厂址、执行标准编号、尺寸、成分、洗涤及熨烫标识等。

3. 日用品、箱包、皮革、鞋、玻璃器皿等的验收。

（1）外观检查，检查其有无破损、污染、褶皱等。

（2）货品标签内容是否正确，包括名称、厂名、厂址、执行标准编号、尺寸、成分等。

第七条　化妆品验收。

1. 外观检查，检查其有无破损、污染等。

2. 检查标签内容，包括产品名称、制造者名称和地址、内装物量、净含量或净容量、日期标注、生产日期、保质期、生产批号、生产许可证号、卫生许可证号、产品标准号等；对于进口化妆品，应标明进口化妆品卫生许可证批准文号；对于特殊用途的化妆品，还应标注特殊用途化妆品的卫生批准文号，必要时应注明安全警告和使用指南，以及满足保质期和安全性要求的贮存条件。

第八条　饮料、酒的验收。

1. 外观检查。检查包装有无破损、污染，酒色有无浑浊悬浮物等。

2. 标识检查。包括酒名、配料表、酒精度、原汁量、净含量、制造者和经销者的名称和地址、批号、生产日期、保质期、产品标准号与质量等级、产品类型（或糖度）等。

第九条　钟表类货物的验收。

1. 外观检查，检查有无破损、划痕，以及标识是否完好、清晰。

2. 按《统计技术应用方法及抽样规定》抽样，用校表仪进行验证。

3. 按《统计技术应用方法及抽样规定》抽样，对防水表进行防水试验。

第十条 其他货物的验收。

其他货物如小百货、文具等，均按照《统计技术应用方法及抽样规定》进行抽样验收。验收的内容包括外观检查和标识检查，应符合相应的品质要求。

第十一条 对于国家规定进行强制认证和按照生产许可证进行生产的货物，必须按照国家规定对有关证件进行检查、核对，包括认证证书、认证标志、生产许可证、卫生许可证、质量证明书、企业合法性证明文件等。

附则

第十二条 实施与修正。

本细则呈总经理审批后，于颁布之日起实施。

第十三条 相关文件。

《统计技术应用方法及抽样规定》。

第十四条 相关记录。

《货物验收记录表》。

3.4 物料紧急放行控制制度描述

物料紧急放行控制制度

总则

第一条 目的。

为了使紧急放行得到合理的利用，并进行控制，特制定本制度。

第二条 紧急放行的定义。

所谓紧急放行，指因生产急需来不及验收而让来料入库并投入生产的做法。

第三条 紧急放行的条件。

1. 对紧急放行的来料，要明确做出标识和记录，以便一旦发现其不符合规定的要求，能及时追回和更换。

2. 一般在下述情况下才能允许紧急放行：来料的不合格在技术上可以纠正，并且在经济上不会发生较大损失，也不会影响相关、连接、相配的零部件质量。

紧急放行的具体操作

第四条　应在物料验收程序中对紧急放行做出规定，明确紧急放行情况的审批人、责任人，规定可追溯性标识的方法，明确识别记录的内容，以及如何传递、由谁保存等。

第五条　紧急放行所使用的全部质量记录，应按规定认真填写，在保存期内不得丢失和擅自销毁。

第六条　当来料进厂后，应根据情况对需要紧急放行的物料，由责任部门（一般为采购部或生产部）的责任人填写物料紧急放行申请表，报经授权人审批。

第七条　对紧急放行的来料要做出可追溯性标识，同时做好识别记录，记录中应详细记载紧急放行来料的规格、数量、时间、地点、标识方法和供应商的名称及所提供的证据。

第八条　在紧急放行的同时，应留取规定数量的样品进行检验，且检验报告必须尽快完成。

第九条　应设置适当的紧急放行数量的停止点（停止点：相应文件规定的某点，未经指定组织或授权批准，不能越过该点继续实施紧急放行），对于流转到停止点上的紧急放行来料，在接到证明该批产品合格的检验报告后才能放行。

第十条　若发现紧急放行的来料经检验不合格，要立即根据可追溯性标识及识别记录，将不合格品追回。

附则

第十一条　本制度经总经理批准，自颁布之日起执行。

3.5 仓库规划制度描述

仓库规划制度

总则

第一条 目的。

为了规范仓库规范化管理，使仓库使用最大化，特制定本制度。

第二条 适用范围。

针对所有存放物料、产品的仓库。

第三条 权责。

1. 入库主管对仓库使用情况进行总体规划，并对仓库规划进行合理安排。

2. 入库专员根据实际发生情况向入库主管报告仓库利用情况。

仓库规划管理

第四条 了解仓库区域的构成。

仓库区域根据其用途不同，可分为储存区、辅助生产区、行政生活区。

第五条 储存区域规划要求。

1. 符合作业流程。

仓库存储区域的划分要根据仓库作业的程序，保证货物的装卸、验收、入库、储存、出库、盘点、搬运等相对便利，从而提高仓储作业的效率。

2. 减少搬运距离。

仓库存储区域的划分要尽可能减少储存物资及仓库规划人员的运动距离，以提高仓储劳动效率，节约仓储费用。

3. 减少无效工作。

仓库存储区域的合理规划，要有利于仓库作业时间的有效利用，从而避免各种工作无效重复，避免各种时间上的延误，使各个作业环节能有机衔接，尽量减少人员、设备的窝工，防止物资堵塞。

4. 合理利用空间。

仓库存储区域的合理布置要有利于充分利用仓库面积和建筑物的空间，杜绝仓库面积和建筑物空间上的浪费，以提高仓库的利用率和仓库的经济效益。

5. 安排配套设施。

仓库存储区域的布置要有利于仓库的各种设施、储运机具效用的充分发挥，提高设备效率及劳动效率。

6. 注重仓库安全。

仓库存储区域的合理布置要有利于包括仓储物资、仓储人员、仓储设施和仓储机具在内的整个仓库的安全。

第六条　各储存区域规划。

在对仓库储货区进行规划时，首先应该考虑合理安排库房、货棚及货场的位置，然后再通过规划储货区的道路，将各种设施紧密地联系起来。

1. 确定储货区的布局。

（1）确定库房的位置。

库房位置的选择要按照其储存物品的吞吐量大小、搬运的复杂程度和安全性质进行。例如，一般无火灾危险性、吞吐量较大和出入库频繁的库房，要布置在库区中央靠近出入处的地方；吞吐量不大、出入不频繁的库房，布置在库区的两翼和后部；有火灾危险的库房，宜布置在库区的下风侧面。

（2）确定货棚的位置。

货棚除了储存部分货物外，还可以作为卸货待检、出库待运的场所。因此，货棚的布置应紧靠库房。如果是站台库房，货棚与库房应连接起来，以便起到防雨的作用。

（3）确定货场的位置。

货场布置应充分考虑铁路专用线的走向，专用线应尽量贯穿货场。同时，应尽量利用行车（用于装卸物资的大型起重设备）的跨度，实行跨线作业，以减少装卸作业环节。

2. 规划库区道路。

规划合理的运输及搬运道路，可以减少货物装卸、搬运的时间，并防止出现物资堵塞的现象。要想规划好仓库的道路，规划时必须注意以下三个问题。

（1）道路要宽广。

要尽可能地兼顾所有规格的货车，在不影响存储面积的情况下，规划出宽广的道路，从而便于库区内车辆的行驶。

（2）安排好停车的位置。

要考虑可能会出现因暂时无法卸货而必须暂时停靠在库区的情况，并为这些车辆划出一定的停靠地点，避免因为车辆的胡乱停靠而造成道路的堵塞。

（3）规划车辆的运行方向。

为了使进入库区的车辆能够顺畅的行驶，减少发生堵塞的可能性，仓库规划人员应该在规划道路时确定一定的运行方向，以保障车辆在库区内顺利行驶。

第七条 仓库布局规划。

1. 了解有效存储面积。

仓库的面积可以分为建筑面积、使用面积和有效面积三种。

2. 有效面积规划。

（1）仓库通道的规划与设计。

仓库内的通道是除了货物存储面积外所占面积最大的部分，它的设计要求应保证货物能够有效地存取、搬运及装卸设备能够正常地运作，电梯、防火设施及服务区的设备能够便于使用。

（2）其他非存储面积规划。

仓库中其他的非储存空间主要包括仓库内的卫生间、楼梯、办公室、清扫工具室、消防设施等，它们应该尽量设置在保管区域的角落或边缘，以免影响保管空间的整体性，从而相应增加储存货物的保管空间。

3. 仓库存储区域布置。

规划出仓库的有效使用面积后，仓库规划人员还需根据仓库作业的需要，将仓库中可存储物品的区域划分为待检区、待处理区、合格物品储存区及不合格物品隔离区，以放置处于不同状态的物品。

仓库内除了需要设置上述基本区域外，还可以根据仓储业务的需要，在仓库内设置卸货作业区、流通加工区和出库备货区等。

第八条　仓位规划。

1. 仓位的布置方法。

仓库仓位的布置方法主要有横列式、纵列式与混合式三种。

（1）横列式，即货垛或货架与库房平行排列。

（2）纵列式，即货垛或货架与库房垂直排列。

（3）混合式，即横列式与纵列式混合在使用的库房布局。

2. 布置仓位时需要注意的问题。

（1）根据物品的储备定额决定仓位。

为了保证物品有足够的空间存储，仓库规划人员需要根据物品储备定额，规划其在仓库中的仓位。对于储备定额量较大的物品，应该规划出较大仓位对其进行存放；对于储备定额量较小的物品，可以适当地规划较少的存储仓位。

（2）根据物品的使用频率确定仓位。

为了加快物品的流转速度，对于那些使用频率较高、周转速度较快的物品，应该将其仓位确定在距离仓库进出口较近处，便于装卸及搬运，而对于那些使用频率低的物品，可以将其仓位确定在仓库的中央。

（3）根据物品的保管要求划分仓位。

为了方便物品的保存及养护，仓库规划人员可以根据物品的保管要求对物品的仓位进行划分，将需要相同的温湿度、保养方法，以及灭火方法的物品进行分类保存。

（4）根据物品分类目录规划仓位。

为了便于仓库中储存物品的管理，仓库规划人员可以根据物品的分类目录对其进行仓位的规划。例如，对建筑材料仓库的仓位进行规划时，可以按照存储物品的属性将其分为五金交电水暖类、化工（油漆）铝钢材类、板（木）材建材（包括瓷砖）类、手动工具和机具及配件类、日杂防护劳保用品类，并对其进行分类保存。

附则

第九条　本制度由仓储部、运输部联合制定，相关内容分别由相关负责人解释和修订。

第十条　本制度报总经理审批后，自颁布之日起执行。

3.6 接货管理制度描述

接货管理制度

总则

第一条　目的。

为了规范完善接货工作。

第二条　适用范围。

本制度适用于公司采购。

第三条　权责划分。

保证货物、产品按时入库，特制定本制度。

转移的所有货物、产品。

1. 入库主管负责安排货物接收前的准备工作。

2. 入库专员对运达货物的相关单据进行核对。

接货程序

第四条　接货前准备。

对接货手续与验收后的货物进行审核、确认，并记录货物情况。

入库主管在接到接货通知单后要制订接货作业计划，指明接货前要做的准备工作。

1. 熟悉了解运达货物，认真查阅货物资料，掌握货物的品种、规格、数量、包装状态、单件体积、运达确实时间、货物保管特殊要求等。

2. 掌握库房情况，根据库房当时情况，结合要运达货物的特点、要求安排货物摆放位置，在货物运达前对库房进行及时整理。

3. 安排、组织人员做好货物运达、接收的衔接工作。

第五条　接货方式。

根据公司对所需货物要求，选择合理的接货方式。

1. 铁路专用线路接货，其步骤如下表所示。

铁路专用线路接货步骤

步骤	工作	内容
1	接车卸货准备	确定卸车位置，准备卸车所需人力和机具
2	卸车前检查	1. 核对车号是否与接货通知相符。 2. 检查车门、车窗有无异状，货封是否相符。 3. 检查货物名称、规格、数量是否与货物运单上的内容相符
3	卸车作业	入库主管协助相关人员进行卸车作业
4	卸车后清理	检查货物是否完全卸完
5	填写到货台账	填写到货名称、规格、数量、到货日期等货物情况信息
6	办理内部交接	将货物相关手续进行交接

2. 到车站、码头接货，其步骤如下表所示。

到车站、码头接货步骤

步骤	工作	内容
1	安排接运工具	提前与承运单位进行联系，了解货物特性、单位重量、外形尺寸等情况后，联系安排接运工具
2	前往承运单位	与相关人员一同到达承运单位
3	出示领货凭证	1. 车站。出示预先收到的领货凭证或凭单位证明、带单位提货专用章的发票存查联进行提货。 2. 码头。到港口货运处凭盖有单位公章的提货单领取货物运单进行提货
4	检查货物状况	检查货物名称、规格、数量以及收货单位是否与货物运单上的内容相符
5	监督装卸货物	监督货物装卸过程，防止造成货物损坏、丢失情况的发生
6	办理内部交接	按货物相关手续进行交接

3. 到送货单位提货，其步骤如下表所示。

到送货单位提货步骤

步骤	工作	内容
1	接货准备	收到提货通知后，根据货物性质、规格、数量准备好提货所需的设备、工具和人员
2	前往供货单位	与相关人员一同到达承运单位
3	协助现场检查	协助相关单位人员进行验收、清点数量、检查外观质量等
4	办理接货手续	验收合格后，与供货单位办理货物交接手续并填写收货单
5	监督装卸、运回货物	监督货物装卸过程，防止货物损坏、丢失情况的发生
6	协助质量复检	协助质量检验人员进行货物质量检验
7	办理入库手续	对验收合格的货物，办理入库手续

4. 库内接货。

当存货单位或供货单位将货物直接运到仓库，入库专员与送货人员办理交接手续时，应当面验收并做好记录，避免出现差错。

第六条　接货差错处理。

1. 确认差错原因。

对于到承运单位接货，发现货物存在丢失、短少、变质、污染、损坏时，应首先核对承运单位提供的运输记录。以确定差错发生的原因。承运单位提供的运输记录一般包括货运记录和普通记录。

2. 签收货物。

确认货物情况与运输记录的内容相符后，入库主管应在运输记录中的“收货人”栏内签名，并领取运输记录的货主联。

3. 申请赔偿。

自领到货运记录的次日起 180 日内，收货单位可以向货物到达站提出赔偿。

（1）赔偿方式。赔偿情况如下表所示。

货物赔偿情况表

货物情况	损失获得赔偿
办理过保价运输的货物	全部损失：赔偿金额为保价金额； 部分损失：赔偿金额 = 货物损失部分 ÷ 全部货物 × 保价金额
未办理保价运输的货物	赔偿金额≤国家管理部门规定的赔偿金额
办理保险运输的货物	凭承运单位出具的货运记录按保险合同进行赔偿

（2）赔偿手续。

A. 货物运单原件。

B. 货运记录原件。

C. 赔偿要求书。

D. 与该事故有关的其他证明文件。

（3）赔偿要求书。

填写赔偿要求书要注意以下三点。

A. 填写内容准确，清楚。如发生涂改，需在涂改处加盖索赔人印章。

B. 索赔单位名称或姓名与公章或姓名章的内容必须与货物运单记载的收货人或托运人相符。委托他人时应有委托书或委托证明。

C. 结算的银行名称与账号必须填写完整，领款地点与通信地址一致，并注明邮政编码。

附则

第七条 本制度经核准后颁布执行。

3.7 物料入库管理制度描述

物料入库管理制度

总则

第一条 目的。

为规范物料入库的操作，确保入库物料的质量，特制定本制度。

第二条 适用范围。

凡进入本公司仓库的物料，均依本制度执行。

入库的程序

第三条 协助入库物料的验收工作，按《物料验收管理制度描述》执行。

第四条 安排入库物料的货位。

1. 本着安全、方便、节约的原则，使货位合理化。

2. 注意物料自身的自然属性，货位安排需要适应储存物料的特性，否则就会影响物料的质量，发生霉腐、锈蚀、熔化、干裂、挥发等变化。

3. 注意方便出入库业务，要尽可能缩短接收、入库作业时间。以最少的仓容，储存最大限量的物料，提高仓容使用效能。

第五条　监督入库物料的搬运工作。

1. 监督搬运人将每批入库单开制的数量和相同的物料集中起来，分批送到预先安排的货位，要做到进一批、清一批，严格防止物料互串和数量溢缺。

2. 一般来说，分类工作应努力争取送货单位的配合，在装车启运前，应做到数量准、批次清楚。

3. 对于批次多和批量小的入库物料，分类工作一般可由入库专员在单货核对、清点件数过程中同时进行，也可将分类工作结合在搬运时一起进行。

4. 搬运过程中，要尽量做到“一次连续搬运到位”，力求避免入库物料在搬运途中的停顿和重复劳动。

5. 对有些批量大、包装整齐，送货单位又具备机械操作条件的入库物料，要争取送货单位的配合，利用托盘实行定额装载，从而提高计数准确率，缩短卸车时间，加速物料入库。

第六条　选择入库物料的堆码方式。

入库物料主要有四种堆码方式，其优缺点如下表所示。

物料的堆码方式

堆码方式	简介	优点	适用范围
散堆方式	即将无包装的散货在库场上堆成货堆的存放方式，是目前物料库场堆存的一种趋势	简便，便于采用现代化的大型机械设备，节省包装费用，提高仓容的利用率，降低运费	特别适用于大宗散货，如煤炭、矿石、散粮和散化肥等
垛堆方式	1. 指对包装物料或长、大件物料进行堆码。 2. 操作方式包括直叠式、压缝式、通风式、缩脚式、交叠式、牵制式以及栽桩式等	合理的堆码方式可以增加堆高，提高仓容利用率，有利于保护物料质量	

续表

堆码方式	简介	优点	适用范围
货架方式	即采用通用或者专用的货架进行物料堆码的方式	通过货架能够提高仓库的利用率，减少物料存取时的差错	适合于存放小件物料或不宜堆高的物料
成组堆码方式	1. 即采用成组工具使物料的堆存单元扩大； 2. 常用的成组工具有货板、托盘和网络等	成组堆码一般每垛3～4层，这种方式可以提高仓库利用率，实现物料的安全搬运和堆存，提高劳动效率，加快物料流转的速度	

第七条　物料正式堆垛时，必须具备以下五个条件。

1. 物料的数量、质量已经彻底查清。

2. 物料包装完好，标志清楚。

3. 外表的玷污、尘土等都已经被清除，不影响物料的质量。

4. 受潮、锈蚀、已经发生某些质量变化或质量不合格的部分，以及已经加工恢复或者已经剔出的另行处理，与合格品不能混合堆放。

5. 为便于机械化操作，金属材料等应该打捆，机电产品和仪器仪表等可集中装箱。

第八条　了解堆垛场地的要求。

1. 库内堆垛。

库内堆垛时，垛应该在墙基线和柱基线以外，垛底需要垫高。

2. 货棚内堆垛。

货棚需要防止雨雪渗透，货棚内的两侧或者四周必须有排水沟或管道，货棚内的地坪应该高于货棚外的地面，最好铺垫沙石并夯实。堆垛时要垫垛，一般应该垫高30～40厘米。

3. 露天堆垛。

堆垛场地应该坚实、平坦、干燥、无积水以及杂草，场地必须高于四周地面，垛底还应该垫高40厘米，四周必须排水畅通。

第九条　物料堆垛时，应遵守如下基本要求。

1. 合理。

垛形必须适合物料的性能特点，不同品种、型号、规格、牌号、等级、批次、产地、单价的物料，均应该分开堆垛，以便合理保管，并要合理地确定堆垛之间的距离和走道宽度，便于装卸、搬运和检查。

垛与垛之间的距离一般为0.5～0.8米，主要通道约为2.5～4米。

2. 牢固。

货垛必须不偏不斜、不歪不倒、不压坏底层的物料和地坪，与屋顶、梁柱、墙壁保持一定距离，确保堆垛牢固安全。

3. 定量。

每行每层的数量力求成整数，过秤的物料不成整数时，每层应该明显分隔，标明重量，便于清点发货。

4. 整齐。

垛形有一定的规格，各个垛排列整齐有序，包装标志一律朝外。

5. 节约。

堆垛时，应考虑节省货位，提高仓库的利用率，还应考虑节省人力的要求，提高搬运人员的工作效率。

第十条　堆垛前的准备工作。

1. 计算物料的占地面积。

按进货的数量、体积、重量和形状，计算货垛的占地面积、垛高，并计划好垛形。对于箱装、规格整齐划一的商品，占地面积可参考以下的公式计算。

占地面积 =（总件数 ÷ 可堆层数）× 该件物料的底面积（m^2）

或占地面积 = 总重量 ÷（层数 × 单位面积重量）（m^2）

其中：

可堆层数 =（地坪）单位面积最大负荷量 ÷ 单位面积重量

单位面积重量 = 每件物料毛重 ÷ 该件物料的底面积

在计算占地面积和确定垛高时，必须注意上层物料的重量不超过物料商品或其容器可负担的压力。

整个货垛的压力不能超过地坪的容许载荷量。

2. 做好机械、人力、材料的准备。

垛底应该打扫干净，并放上必备的垫墩、垫木等垫垛材料，如果需要密封货垛，还需要准备密封货垛的材料等。

3. 检查条形码自动识别技术的数据采集系统是否完好。

办理物料入库手续

第十一条　利用数据采集系统，进行到货入库清点工作，检查物料的状态。收货扫描时，如系统不接受，应及时请技术部门查明原因，确认此批物料是否收进。

第十二条　建立物料明细卡。

1. 物料明细卡能够直接反映该垛物料的品名、型号、规格、数量、单位及进出动态和积存数。

2. 物料明细卡应按入库通知单所列的内容逐项填写。物料入库堆码完毕后，应立即建立卡片，一垛一卡。

3. 物料明细卡通常有两种处理方式。

（1）实施专人负责的管理责任制，即由入库主管集中保存管理。但是，如果有进出业务而该入库主管缺勤时，就难以及时进行。

（2）将填制的卡直接挂在物料的垛位上。挂放位置要明显、牢固。此方法便于随时与实物核对，有利于物料进出业务的及时进行，可以提高保管人员的工作效率。

第十三条　入库物料的登账。

1. 物料入库后，仓库应建立实物保管明细账，登记物料进库、出库、结存的详细情况。

2. 实物保管明细账按物料的品名、型号、规格、单价、货主等分别建立账户。此账本采用活页式，按物料的种类和编号顺序排列。在账页上要注明货位号和档案号，以便查对。

3. 实物保管明细账必须严格按照物料的出入库凭证及时登记，填写清楚、准确。记账发生错误时，要划红线进行更正。账页记完后，应将结存数结转新账页，旧账页应保存备查。

4. 用来登账的凭证要妥善保管，装订成册，不得遗失。

5. 实物保管人员要经常核对，保证账、卡、物相符。

第十四条　建立仓库工作的档案。

1. 仓库建档工作，即将物资入库作业全过程的有关资料证件进行整理、核对，建立成资料档案。

2. 目的。建档工作有利于物料管理和客户联系，还可为将来发生争议时提供凭据，同时也有助于总结和积累仓储管理的经验，为物资的保管、出库业务创造良好的条件。

3. 仓库工作档案的资料范围。

（1）物料到达仓库前的各种凭证、运输资料。

（2）物料入库验收时的各种凭证、资料。

（3）物料保管期间的各种业务技术资料。

（4）物料出库和托运时的各种业务凭证、资料。

4. 建档工作的具体要求。

（1）一物一档。建立物料档案应该是一物（一票）一档。

（2）统一编号。物料档案应进行统一编号，并在档案上注明货位号。同时，在实物保管明细账上注明档案号。以便查阅。

（3）妥善保管。物料档案应存放在专用的柜子里，由专人负责保管。

第十五条　签单。

物料验收入库后，应及时按照仓库商品验收记录的要求签回单据，以便向供货方或货主表明收到商品的情况。另外，如果出现短少等情况，也可作为货主向供货方交涉的依据，所以签单必须准确无误。

入库注意事项

第十六条　物料入库时，必须票货同行，根据合法凭证收货，及时清点数量。入库专员要审核对方交给的随货同行单据，票货逐一核对检查，将商品按指定地点入库验收。

第十七条 物料入库时，必须按规定办理收货。入库专员验收单货相符，要在随货同行单据上签字，加盖“商品入库货已收讫”专用章。

第十八条 验收过程中，若发现单货不符、差错损失或质量问题，入库专员应当立即与有关部门联系，并在随货同行联上加以注明，做好记录。

第十九条 同种物料不同包装或使用代用品包装，应问明情况，在入库单上注明后，才能办理入库手续。

第二十条 送货上门车辆，无装卸工人的经双方协商同意，仓库可有偿代为卸车，按储运劳务收费办法执行。

第二十一条 物料验收后，需入库主管签字、复核员盖章。入账后，注明存放区号、库号，票据传到相关部门。

第二十二条 临时入库的物料，要填写临时入库票，由入库专员、入库主管签字、盖章。

第二十三条 入库主管接正式入库单后，应根据单上所注的商品名称、件数仔细点验，加盖“货已收讫”章。同时，保管员签字、复核员盖章，将回执退回委托单位。

第二十四条 在下列情况下，仓库可以拒收不合法入库发运凭证。

1. 字迹模糊、有涂改等。

2. 错送，即发运单上所列收货仓库非本仓库。

3. 单货不符。

4. 物料严重残损。

5. 质量包装不符合规定。

6. 违反国家生产标准的商品。

附则

第二十五条 本制度经核准后颁布执行。

3.8 仓库管理制度描述

仓库管理制度

目的

第一条　为了保障仓库货品保管安全、提高仓库工作效率和物流对接规范，制定仓库管理制度描述，确保本公司的物资储运安全。

范围

第二条　针对物流部仓库和理货区。

管理内容

第三条　严格遵守公司和部门各项规章制度。

1. 严格按照公司规定的作息时间上下班，做到不迟到、不早退、不旷工、不罢工、不代人打卡；上班时间内在各自岗位上尽职尽责，不串岗、不做与工作无关的事情。

2. 非物控室和仓管室员工不得进入仓库，因工作需要的其他人员经请示上级同意后，在仓管员的陪同下方可进入仓库，任何进入仓库的人员必须遵守仓库管理制度描述。

3. 非物流部员工不得进入理货区，因工作需要的其他人员经请示上级同意后，在理货员的陪同下方可进入理货区；物流部配送人员在进入理货区后，及时完成各配送线路的包装箱交接清点和单据签收工作，任何进入理货区的人员必须遵守仓库管理制度描述。

4. 所有人员不得携带能够容装手机或配件的包装物品（如手提包、纸袋等）进入仓库和理货区，因工作需要携带，在出仓库时必须接受仓管员或理货员的检查。

5. 任何人员不得在仓库和理货区内吸烟。

6. 仓管员、理货员不得将水杯、饭盒、零食等东西带入到仓库或理货区，更不得在仓库或理货区内吃东西。

7. 服从上级的工作安排，并按时保质保量完成上级交代的任务。

第四条 严格执行仓库的货物保管制度。

1. 仓管员严格按照“ISO 9000”和“6S”的标准要求，规范仓库货物管理。

2. 仓管员、理货员必须全面掌握仓库所有货物的贮存环境、堆层、搬运等注意事项，以及货品配置（包括礼品等）、性能和一些故障及排除方法。

3. 理货员对所有入库货物的质量进行严格检查和控制。

4. 贮存在仓库的货物，按照货物的品牌、型号、规格、颜色等分区归类整洁摆放，在货架上作相应的标识，并制作一个仓库货物摆放平面图，张贴仓库入口处。

5. 同类型的货物，不同批次入库要分开摆放，发放货物时，要按照先进先出的顺序原则出库。

6. 严格遵照货物对仓库的贮存环境要求（如温、湿度等）进行贮存保管，定时对货物进行清洁和整理。

7. 保证仓库环境卫生、过道畅通，并做好防火、防潮、防盗等安全防范的工作，并学会使用灭火器等工具，每天下班前必须检查各种电器电源等安全情况。

8. 仓管员按照财务要求及时地记录好所有货物进出仓的账目情况，每天做好盘点对数工作，保证账目和实物一致。

9. 仓管员、理货员不得挪用、转送仓库内的任何物品，其他人员需要到仓库借用货物，必须经过本部门负责人在借条上批准后才能让其借走。

10. 仓库、理货区、包装箱及其他贵重物品的专柜锁匙由各组长保管，不得转借、转交他人保管和使用，更不得随意配制。

第五条 严格执行货物进出仓库规程。

1. 严格执行仓库的货物进出仓的运作流程，确保仓库区域的货物的贮存安全。

2. 理货员在收发时请参照《理货规程》。

3. 仓管员在接到理货员入库通知时，按照入库单与理货员做好货物清点交接工作，并在入库单上签字确认。

4. 仓管员在接到理货员出库通知时，按照调拨单与理货员做好货物清点交接工作，并在要求理货在调拨单上签字确认。

5. 仓管员、理货员必须按照进出仓流程做好各项交接工作。

3.9 物资储存保管制度描述

物资储存保管制度

总则

第一条　为规范仓库物资储存管理，特制定本制度。

第二条　本制度由仓储部负责制定、解释，报总经理批准后执行。

第三条　本制度自颁布之日起执行。

储存保管规定

第四条　物资的储存保管，原则上应以物资的属性、特点和用途规划设置仓库，并根据仓库的条件考虑划区分工，合理有效使用仓库面积。

第五条　建立码放位置图、标记、物资卡，并置于明显位置。物资卡上应载明物资名称、编号、规格、型号、产地或厂商、有效期限、储备定额等。

第六条　仓库管理员应以利于先进先出的作业原则分别决定储存方式及位置。

第七条　凡吞吐量大的落地堆放，周转量小的用货架存放。落地堆放以分类和规格的次序排列编号，上架的以分类号定位编号。物资堆放的原则如下。

1. 本着“安全可靠、作业方便、通风良好”的原则，合理安排垛位和规定地距、墙距、垛距、顶距。

2. 对于物资品种、规格、型号等，要结合仓库条件分门别类进行堆放（在可能的情况下推行五五堆放），要做到过目见数，作业和盘点方便，货号明显，成行成列。

第八条 应考虑物资忌光、忌热、防潮等因素妥善存放，仓库内部应严禁烟火，并定期实施安全检查。

第九条 经常进行盘点，做到日清月结，按规定时间编制库存日报表和库存月报表。

第十条 仓库管理员进行物资的出货、储存、保管、检验及账务报表的登录等工作，每日根据出入库凭单及时登记核算，月终结账和实盘完毕后与财会部对账。

第十一条 仓库管理员对于所经管的库存商品应予以严格稽核清点，各仓库应随时受单位主管和财务稽核人员的抽查。

第十二条 每月必须对库存物资进行一次实物盘点，并填报库存盘点表。

1. 发现盈余、短少、残损或变质，必须查明原因，分清责任，写出书面报告，提出处理建议，呈报上级和有关部门，未经批准不得擅自调账。

2. 积极配合财会部做好全面盘点和抽点工作，定期与财会部对账，保证账表、账账、账物相符。

第十三条 每年年终的总盘存时必须实地查点产品的规格、数量是否与账面的记载相符。

1. 盘点后应由盘点人员填写盘存报告表，如有数量短少、品质不符或损毁情况，详细注明后由仓库管理员签名负责。

2. 盘点后如果出现盘盈或盘亏时，应由仓储部主管呈董事长核准调整，若为保管责任而短少时，则由仓库经管人员负责赔偿。

仓储储存保管注意事项

第十四条 仓库环境卫生要每日清扫并做好保持工作，每次作业完毕要及时清理现场，保证库容整洁。

第十五条　做好各种防患工作，确保物资的安全保管。预防内容包括防火、防盗、防潮、防锈、防腐、防霉、防鼠、防虫、防尘、防爆、防漏电。

第十六条　切实做好安全保卫工作，严禁闲人进入库区。建立和健全出入库登记制度，对因工作需要出入库人员、车辆按规定进行盘查和登记，签收“出门证”或填写“出入门证”。夜间定时巡逻，提高警惕。

第十七条　切实做好防火安全工作，库区内严禁吸烟、携带易燃易爆物资和明火作业。对库区的电灯、电线、电闸、消防器具、设施要经常检查，发现故障及时维修排除，不得擅自挪动或挪用消防器具。

第十八条　库存物资如有呆废或损毁但非仓库管理员能自行克服的，仓库管理员应立即填写“产品送修单”送交服务单位修护。

第十九条　直接保管产品的仓库管理员变动时，应由其所属的部门主管查对库存商品的移交清册后，再由交接双方会同监交人员进行盘点。

第二十条　除仓库管理员外，其他人员未经允许不得擅自进入。

3.10 仓库温湿度管理制度描述

仓库温湿度管理制度

总则

第一条　为规范仓库温湿度管理，特制定本制度。

第二条　本制度由仓储部负责制定、解释，报总经理批准后执行。

第三条　本制度自颁布之日起执行。

了解常见物资的安全温度和湿度

第四条　仓库管理员要了解常见物资的安全湿度和温度，下表是部分常见物资的安全温度和湿度。

部分商品的安全温度和湿度表

商品名称	安全温度/℃	安全相对湿度/%
麻织品	25	55～65
丝织品	20	55～65
毛织品	20	55～65
皮革制品	5～15	60～75
橡胶制品	25以下	80以下
金属制品	35以下	75以下
竹木制品	30以下	60～75
塑料制品	-5～25	80以下
玻璃制品	80以下	80以下
人造革	-10～20	75以下
纸制品	35以下	75以下

掌握库内外温湿度的变化规律

第五条　从气温变化的规律分析，一般在夏季降低库房内温度的适宜时间是夜间10点至次日早晨6点，而降低湿度的适宜时间是上午6点至下午4点。当然，这需要考虑到货物的特性、库房条件、气候等因素的影响。

测定空气温湿度通常使用干湿球温度表

第六条　在仓库外设置干湿表，为避免阳光、雨水、灰尘的侵袭，应将干湿表放在百叶箱内。百叶箱中温度表的球部离地面高度为2米，百叶箱内保持清洁，不放杂物，以免妨碍空气流通。

第七条　在库内设置的干湿表，应安置在空气流通、不受阳光照射的地方，不要挂在墙上，高度约1.5米。

第八条　仓库管理员每日必须定时对库内的温湿度进行观测记录，一般在上午8～10点，下午14～16点各观测一次，并将结果填写在《仓库温湿度记录表》中。

第九条　仓库管理员对记录资料要妥善保存，定期分析，以便掌握货物保管的主动权。

控制和调节仓库温湿度

第十条 采用密封、通风与吸潮相结合的办法，是控制和调节库内温湿度行之有效的办法。

第十一条 密封就是把货物尽可能严密地封闭起来，减少外界不良气候条件的影响，以达到防潮、防热、防干裂、防冻和防溶化的目的，保证物资安全储存。此方法常与通风、吸潮结合运用。

1. 密封的方法。

（1）整库存密封。适用于数量大、整出整进或进出不频繁的仓库。

（2）按垛密封。适用于露天存放的易生锈物资。

（3）货架密封。适用于出入频繁、怕潮、易锈和易霉的小件物资。

（4）按件密封。适用于皮革制品、金属制品、乐器和仪器仪表等物资。

2. 密封保管应注意的事项。

（1）密封前要检查货物质量、温度和含水量是否正常，如发现生霉、生虫、发热等现象就不能进行密封。发现货物含水量超过安全范围或包装材料过潮，也不宜密封。

（2）密封的时间要根据货物的性能和气候情况来决定。怕潮、怕溶化、怕霉的货物，应选择在相对湿度较低的时节进行密封。

（3）密封材料，常用的有塑料薄膜、防潮纸、油毡纸、芦席等。密封材料必须干燥清洁，无异味。

（4）密封常用的方法有整库密封、小室密封、按垛密封以及按货架、按件密封等。

第十二条 通风是利用库内外空气温度不同而形成的气压差，使库内外空气形成对流，来达到调节库内温湿度的目的。

1. 通风的种类。

按通风目的的不同，可分为利用通风降温和利用通风散潮两种。

2. 通风的方法。

（1）自然通风。开启库房门窗和通风口，让库房内外空气自然交换。

（2）机械通风。利用通风机械，如排气扇等产生的退压力或吸引力，使库内外空气形成压力差，从而强迫库内外空气发生流动和置换。

第十三条 吸潮，是利用物理或化学的方法，将库内潮湿的空气中的部分水汽除去，以降低空气湿度。

1. 在梅雨季节或阴雨天，当库内湿度过高，不适宜商品保管，而库外湿度也过大，不宜进行通风散潮时，可以在密封库内用吸潮的办法降低库内湿度。仓库中通常使用的吸潮剂有氯化钙、硅胶等。

2. 仓库普遍使用的是机械吸潮方法。吸湿机把库内的湿空气通过抽风机吸入吸湿机冷却器内，使它凝结为水而排出。吸湿机一般适宜于储存棉布、针棉织品、贵重百货、医药、仪器、电工器材和烟糖类的仓库吸湿。

3.11 物资防腐防霉管理制度描述

物资防腐防霉管理制度

总则

第一条 为规范仓库物资的防腐防霉管理，特制定本制度。

第二条 本制度由仓储部负责制定、解释，报总经理批准后执行。

第三条 本制度自颁布之日起执行。

影响霉腐微生物生存的外界条件

第四条 水分和空气湿度。

1. 当空气相对湿度达到75%以上时，多数商品的含水量才可能引起霉腐微生物的生长繁殖。通常把75%相对湿度叫作商品霉腐临界湿度。

2. 在储存环境的空气相对湿度低于75%时，多数商品不易发生霉腐。

3. 水果、蔬菜等本身含水较多的食品，对湿度要求比一般商品高，储存适宜湿度为85%～90%，但温度不宜过高。

第五条　温度。

1. 根据微生物对温度的适应能力，可将其分为低温性微生物、中温性微生物和高温性微生物。每一类型的微生物对温度的要求又分为最低生长温度、最适生长温度和最高生长温度。超过这个范围其生长会滞缓或停止。具体要求如下表所示。

3 种类型微生物温度表

类型	低温性微生物	中温性微生物	高温性微生物
最低限	0℃	5℃	30℃
最适温度	5℃～10℃	25℃～37℃	50℃～60℃
最高限	20℃～30℃	45℃～50℃	70℃～80℃

2. 在霉腐微生物中，大多是中温性微生物，最适生长温度为25℃～37℃，在10℃以下不易生长，在45℃以上停止生长。

第六条　光线。多数霉腐微生物在日光直射下，经过1～4小时即能大部分死亡。所以，商品大都是在阴暗的地方才容易霉腐。

第七条　溶液浓度。多数微生物不能在浓度很高的溶液中生长。因为浓度很高的溶液能使菌细胞脱水，造成质壁分离，使其失去活动能力甚至死亡。但也有少数微生物对浓度高的溶液有抵抗能力。

第八条　空气成分。多数霉腐微生物特别是霉菌，需要在有氧条件下才能正常生长，在无氧条件下不形成孢子。二氧化碳浓度的增加不利于微生物生长，如果改变商品储存环境的空气成分，如使二氧化碳逐渐增加，使氧逐渐减少，那么微生物的生命活动就要受到限制，甚至导致死亡。

常见易霉腐商品

第九条　常见易霉腐商品如下表所示。

常见易霉腐商品表

分类	商品
食品	糖果、饼干、糕点、饮料、罐头、酱醋、肉类、鱼类和鲜蛋等
日用品	化妆品
药品	以淀粉为载体的片剂、粉剂、丸剂，以糖液为主的各种糖浆，以蜂蜜为主的蜜丸，以动物胶为主的膏药，以葡萄糖等溶液为主的针剂等
皮革及其制品	皮鞋、皮包、皮箱和皮衣等
纺织品	棉、毛、麻、丝等天然纤维及其制品
工艺品	竹制品、木制品、草制品、麻制品、绢花、面塑、绒绣等

预防商品腐霉

第十条　加强入库验收。易霉商品入库，应先检查其包装是否潮湿，含水量是否超过安全范围。

第十一条　控制自然条件。加强仓库温湿度管理，根据不同性能的商品，正确地运用密封、吸潮及通风相结合的方法，管好库内温湿度，特别是在梅雨季节，要将相对湿度控制在不适宜于霉菌生长的范围内。

第十二条　选择合理的储存场所。易霉商品应尽量安排在空气流通、光线较强、比较干燥的库房，并应避免与含水量大的商品一起储存。

第十三条　合理堆码，下垫隔潮。商品堆垛不应靠墙靠柱。

第十四条　商品进行密封。

第十五条　做好日常的清洁卫生。仓库里的积尘能够吸潮，容易使菌类寄生繁殖。

第十六条　化学药剂防霉。对已经发生霉腐但可以挽救的商品，应立即采取措施，以免霉腐继续发展，造成严重损失。根据商品性质可选用晾晒、加热消毒、烘烤、熏蒸等办法。

第十七条　预防商品腐霉的方法。

1. 温控法。

(1) 常用的提高温度防霉腐方法是利用日光曝晒。在某些地方，夏季日光直晒温度可达50℃以上，大多数霉菌均可被杀灭。

（2）日光中含有的大量紫外线能直接杀灭霉菌。可在库房内安装紫外线灯定期照射，进行环境消毒防霉。如纸烟库、中药材库、农副产品库等。

2. 湿控法。

（1）水是微生物生存的必要条件，空气的干湿程度直接影响微生物体内水分含量。通过控制空气的湿度，可直接影响微生物体内水分含量，使其不断失去体内水分，从而达到抑制其生长的目的。

（2）对一些易发生霉腐的物资可以通过通风、摊晾、日晒或烘烤等使水分蒸发，从而达到防霉腐的目的。

3. 化学方法。

即把抑制微生物生长的化学药物放在货物或包装内进行防腐的方法。常用的防腐剂性能和使用方法如下表所示。

仓库常用防腐剂性能和使用方法

名称	性能	使用方法	适用范围
水杨	酰苯胺毒性较低，具有较高的稳定性	将浓度为0.2%～0.6%的溶液喷洒或涂刷在商品上	用于针纺织品、鞋帽、皮革、纸张等商品
多菌灵	化学性质较稳定，毒性很低，对商品无毒副作用	以0.025%浓度的乳液浸泡水果。或以0.1%～0.3%浓度的乳液刷涂在其他商品上。	用于针纺织品、纱线、皮革制品、鞋帽以及水果、蔬菜等
多聚甲醛	在空气中能慢慢释放出甲醛气体，从而杀灭霉腐微生物	直接放置在仓库中，每立方米空间用量在17～249，放置人员应戴口罩和护目镜。	用于单胶工作服、雨衣、布鞋及皮革和毛皮制品等
托布津	对人畜毒性很小，无积累性毒副作用	以浓度为0.05%的水溶液浸泡水果、蔬菜等	用于水果、蔬菜等商品

续表

名称	性能	使用方法	适用范围
二氧乙烯水杨酰胺	白色粉末。无臭、无味、无刺激性，不易溶于水	浓度为0.3%～0.4%的胶悬液	对皮革防霉有显著效果
百菌清	白色结晶体，无臭、无味，微溶于水，能溶于丙酮等有机溶液	浓度为0.2%～0.3%的溶液	常用于皮革制品防霉

4. 除氧剂除氧法。

（1）大多数易于霉变的商品所生成的各种霉菌、细菌，都需要呼吸空气中的氧才能生长繁殖。通过把易霉腐物资放在严格密封的包装内，再放入化学除氧剂，使包装内氧浓度达到0.1%以下，就可以达到防止物资发生霉腐的目的。

（2）化学除氧剂种类很多，以铁粉为主要成分的效果最好。该法主要适用于各种食品、中药材、电子元件、光学零件、精密仪器等的防霉腐。使用时应注意考虑密封包装材料必须有良好的阻氧性、一定的机械强度和良好的热塑性及热合性。

5. 低温冷藏防霉腐。

（1）利用低温来降低霉腐微生物体内酶的活性，从而抑制其繁殖生长，该方法一般效果良好。鲜肉、鲜鱼、鲜蛋、水果和蔬菜等，多采用低温冷藏的方法进行长期保管。但应注意不同仓储物资对低温的要求不同。如鲜蛋最好在－1℃的条件下保存，果蔬的温度要求在0℃～10℃，鱼、肉等在零下16℃～28℃时可以较长期储存。

（2）低温冷藏是利用液态氨、天然冰或人造冰以及冰盐混合物等制冷剂降低温度，或通过将商品放置在专门的冷藏库的方式，保持储存中所需要的低温。

6. 气相防霉腐法。

（1）气相防霉腐是通过控制环境中空气各成分的含量并结合适度的低

温，让储存物品处于半休眠状态，以达到保鲜防腐的目的。

（2）增加环境中的二氧化碳（CO_2）或氮气（N_2），使储藏环境的氧含量由21%降至3%，二氧化碳含量由0.03%增加到2%以上。可减低储存物品的呼吸作用，减少其中营养物质的消耗，阻止储存物品生成乙烯，延缓其衰老和变质。

（3）该方法适用于粮食、农副土特产品、中药材、副食品、果品、蔬菜以及竹木制品、皮革制品、棉、毛、丝、麻织品等。

7. 物理方法。

（1）紫外线。日光中含有大量的紫外线，有杀灭霉菌的作用。对一些不怕日晒的粮食、农副产品、中药材、棉麻制品等进行曝晒，既能杀灭其表面的霉菌，又可以通过日光照射将其所含的过多水分蒸发以抑制霉菌生长。当然，也可以在库房内安装紫外线灯定期照射进行环境消毒。

（2）微波。利用微波引起货物分子的震动和旋转，使分子间因摩擦而产生热，使霉腐微生物体内温度上升而被杀灭。该方法适于粮食、食品、皮革制品、竹木制品、棉织品等的储存防霉。

（3）辐射。利用放射性同位素释放的各种射线来照射易腐商品。这种方法适用于医疗器材、日用品、食品、皮革制品、纸烟、烟叶和中药材的防霉，效果十分显著。

8. 加强仓储环境管理。

（1）加强仓储环境管理，控制霉微生物生长繁殖的条件及减少霉微生物对商品的破坏，是防治商品霉腐的关键工作。

（2）在易霉腐商品入库验收时，要首先检验其包装是否潮湿，商品的含水量是否超过安全标准。入库放置时，应根据商品的不同性能，正确地运用密封、吸潮及通风相结合的方法，控制好仓库内的温湿度。

易霉腐商品在保管期间应特别注意勤加检查和加强保护。

霉腐商品救治

第十八条　如果霉腐商品发现得早，采取适当的方法是可以进行挽救的。霉腐商品的救治应该经过去湿、灭菌及刷霉三个过程。

第十九条 去湿。商品发霉一般都是从受潮开始的，控制商品中的水分，可以有效地防止商品进一步霉变。常见的去湿的方法有暴晒、摊晾及烘烤三种。

1. 暴晒。暴晒既能散去商品的水分，又能杀灭商品上的霉菌，适合于经日晒不影响质量的商品，如干果、干菜以及鞋帽、皮毛制品等。在暴晒中要适当掌握时间，注意经常翻动，不要晒得过分，以防晒坏商品。

2. 摊晾。对于不宜暴晒而含水量过高的商品，如卷烟、茶叶、色布及含有油脂较多的商品等，则应将其放置在阴凉通风的场所，通过摊晾法来降低商品的含水量。

3. 烘烤。通过高温烘烤使物资干燥，从而使霉菌因缺水而死亡。烘烤除霉适合于卷烟、茶叶及某些干果等通过暴晒会影响质量的商品，或经过暴晒无法除灭内部微生物的商品。

（1）烘烤一般在烤箱或者烤房内进行，烘烤时，仓库管理人员要掌握好烘烤时间及温度。烘烤商品时，要先测量商品的含水量，计算恢复正常含水量所需要的烘烤时间。

（2）为了不损伤商品，烘烤时温度最好不超过45℃。对于含有易挥发有效成分的商品，如卷烟等，烘烤必须在密闭的烘箱或烘房内进行。对于不适于炉火烘烤的商品，如针纺织品等，应采用红外线烘箱或烘房。

第二十条 灭菌。去除商品上的霉腐还可以从灭菌入手，杀灭了商品上的致霉微生物，就能够防止商品的进一步霉腐。常用灭菌的方法主要有药剂熏蒸灭菌、紫外线灭菌及加热灭菌三种方法。

1. 药剂熏蒸灭菌。

（1）药剂熏蒸灭菌法是指在密封的条件下，利用易挥发并能产生毒杀气体的化学药剂来杀灭微生物。

常用的熏蒸剂主要有溴甲烷等。

（2）药剂熏蒸灭菌法可以保持商品在短时间内不霉或抑制其蔓延，适用于商品发热霉变的初期。

2. 紫外线灭菌。

（1）紫外线灭菌法是通过在库内或货垛周围装置紫外线灯，对商品进行定期照射，利用紫外线的杀菌作用，除去引起商品霉变的微生物的方法。

（2）紫外线只能消灭被灯光照射部分的微生物，因此，用紫外线灭菌法对商品进行灭菌时，必须根据商品霉变的程度和部位，采取不同的方式进行照射。紫外线灯的照射时间也不要过长，一般以每次 20～50 分钟为宜。

3. 加热灭菌。

（1）适宜的温度也是微生物生长的必要条件，因此可以通过加热的方法抑制微生物的生长繁殖，以使其死亡。加热灭菌法分为干热灭菌法及湿热灭菌法两种。

（2）干热灭菌法适用于怕潮而不怕高温的商品，如干果、干菜等。对商品进行干热灭菌时，应将商品放置于电热干燥箱中，将温度控制在 140℃～170℃，加热 1～2 小时，就能够达到灭菌效果。

（3）湿热灭菌法适用于那些不怕高温高湿，而不宜干热的商品。对商品进行湿热灭菌时，可以使用高压蒸汽灭菌锅、蒸笼等设备对商品进行灭菌。温度应该掌握在 120℃，时间为 30 分钟。

（4）此外，对于不怕水浸的商品如竹制品等，也可以置于沸水中灭菌。经过湿热灭菌的商品，必须经过晾晒干燥后，才能包装堆垛。

第二十一条　刷霉。凡发生霉变的商品，经过上述方法处理后，商品自身水分已降低，霉菌也已被杀死，可以用毛刷将商品上的霉迹刷除，从而使商品恢复原有的本色。

3.12 仓库害虫防治管理制度描述

仓库害虫防治管理制度

总则

第一条　为规范仓库物资的防腐防霉管理，特制定本制度。

第二条　本制度由仓储部负责制定、解释，报总经理批准后执行。

第三条　本制度自颁布之日起执行。

掌握仓库内害虫的来源、特性、种类与危害方式

第四条　常见害虫感染途径如下表所示。

常见害虫感染途径及预防方法

感染途径	途径说明	预防方法
货物内潜伏	货物在入库前已有害虫潜伏其中，如农产品一般均含有害虫或虫卵，在加工的过程中，如果没有进行彻底的杀虫处理，成品中就会出现害虫	做好货物入库前的检疫工作，确保入库货物不携带害虫及虫卵
包装内隐藏	仓库包装物内藏有害虫，入库货物放入包装后，害虫即可以危害货物	对可重复利用的包装物进行定期消毒，杀死其中隐藏的害虫。
运输工具感染	运输工具如果装运过带有害虫的货物，害虫就可能潜伏在运输工具中，进而感染其他商品	注意运输工具的消毒，运输时严格区分已感染货物与未感染货物
仓库内隐藏	害虫还有可能潜藏在仓库建筑的缝隙以及仓库内的各种备用器具中，或者在仓库周围生长，并最终进入仓库	做好库房内、外环境的清洁工作，对库房内用具进行定期消毒，防止害虫滋生
邻垛之间相互感染	当某一货垛感染了害虫后，害虫有可能爬到邻近的货垛	对已经感染了害虫的货垛及时隔离，并对其相邻货垛进行严密监控

第五条　仓库内害虫大多来源于农作物，由于长期生活在仓库中，其生活习性逐渐改变，能适应仓库的环境而继续繁殖，其具有以下四个方面的特性。

1. 适应性强。

（1）仓库害虫一般能耐热、耐寒、耐干、耐饥，并具有一定的抗药性。适宜仓库害虫生长繁殖的温度范围一般为18℃～35℃，仓库害虫在5～8月间生长繁殖最为旺盛，一般能耐38℃～45℃的高温。在10℃以下，大多数仓库害虫停止发育，0℃左右处于休眠状态，但不易冻死。大多数仓库害虫能生活于含水量很少的物资中。

（2）大部分仓库害虫能耐长时期的饥饿，如黑皮蠹能耐饥5年，花斑皮蠹的休眠幼虫能耐饥8年。体长7～8毫米的幼虫，可缩小到2.5毫米，一旦复食很快就会长大。

2. 食性广杂。

仓库害虫的口器发达，便于咬食质地坚硬的食物，大多数仓库害虫具有多食或杂食性。

3. 繁殖力强。

由于仓库环境气候变化小，天敌少，食物丰富，活动范围有限，雌雄相遇机会多等原因。仓库害虫繁殖力极强。

4. 活动隐蔽。

大多数仓库害虫体形很小，体色较深，隐藏于阴暗角落或在商品中蛀成“隧道”危害商品，难以发现，寒冬季节又常在板墙缝隙中潜伏过冬。

第六条　仓库害虫的种类很多，世界上已定名的有500多种。在我国发现有近200种，在仓储部门已发现危害商品的就有60多种，严重危害商品的达30多种。主要仓库害虫有黑皮蠹、竹长蠹、烟草甲、锯谷盗、袋衣蛾。

第七条　常见易虫蛀的货物及其被危害方式，如下表所示。

易虫蛀商品及其被危害方式

商品类型	主要害虫	危害方式
毛、丝织品与毛、皮制品	皮蠹、袋衣蛾、织网衣蛾、毛毡衣蛾以及毛衣鱼等	咬断纤维或将织品蛀成细小的孔洞
竹藤制品	竹长蠹、角胸长蠹、褐粉蠹和烟草甲	将商品蛀成细小的孔洞
纸张及纸制品	毛衣鱼、白蚁	将纸张及纸制品蛀成小孔、碎片
卷烟、烟叶	烟草甲、烟草粉螟	啮食烟叶、烟丝，把卷纸蛀出小孔
干果	锯谷盗、花斑皮蠹、米象、咖啡豆象等	将商品蛀出孔洞，并在商品上产卵

仓库害虫的防治方法

第八条　杜绝仓库害虫来源。要杜绝仓库害虫的来源和传播，必须做好以下三项工作。

1. 货物原材料的杀虫、防虫处理。

2. 入库货物的虫害检查和处理。

3. 仓库的环境卫生及备品用具的卫生消毒。

第九条　药物防治。使用各种化学杀虫剂，通过胃毒、触杀或熏蒸等作用杀灭害虫，是当前防治仓库害虫的主要措施。常用的防虫、杀虫药剂有以下三种。

1. 驱避剂。常用驱避剂药物有精萘、对位二氯化苯、樟脑精等。

2. 杀虫剂。杀虫剂主要通过触杀、胃毒作用杀灭害虫。触杀剂和胃毒剂很多，常用于仓库及环境消毒的有敌敌畏、美曲膦脂等。

3. 熏蒸剂。常用的有氯化苯、溴甲烷、磷化铝、环氧乙烷和硫黄等。由于此类物资均属有毒品，使用时必须严格落实安全措施。

第十条　其他防治方法。仓库害虫的防治方法，除了药物防治外，还有高、低温杀虫，缺氧防治，辐射防治以及各种合成激素杀虫等。

3.13 物资防锈管理制度描述

物资防锈管理制度

总则

第一条　为规范仓库物资的防锈管理，特制定本制度。

第二条　本制度由仓储部负责制定、解释，报总经理批准后执行。

第三条　本制度自颁布之日起执行。

金属生锈的原因、种类及影响因素

第四条　金属制品锈蚀的原因。

1. 金属材料本身的原因。

金属材料在组织、成分、物理状态等方面存在各种各样的不均匀性和因热、冷加工而产生的不均匀性，从而引起电极电位不均导致锈蚀。

2. 大气中的因素。

金属制品锈蚀与外界因素有直接关系。如受温度、湿度、氧、有害气体、商品包装、灰尘等的影响。

第五条　金属锈蚀的分类。

1. 化学腐蚀。金属与腐蚀介质直接作用而发生的腐蚀现象称为化学腐蚀。

2. 电化学腐蚀。金属与周围的电解质溶液相接触时，由于电化学作用而引起的腐蚀称为电化学腐蚀。

第六条　金属锈蚀的环境因素。

1. 空气的相对湿度。金属在储存中，相对湿度越大，金属锈蚀的速度越快。

2. 温度。温度越高，金属锈蚀的速度也越快。但温度对金属锈蚀的影响没有湿度的影响大。

3. 氧气。氧气对金属在大气中的锈蚀起着主要的作用。

4. 空气中的有害气体与杂质。如空气中的二氧化硫、硫化氢，工业废气中的氯化氢、氯气，大气中的灰尘微粒如炭粒、沙粒等，对金属的锈蚀起着显著的加速作用。

金属防锈措施

第七条 控制存储环境。控制金属商品的存储环境，杜绝促使金属锈蚀的环境因素是防止金属锈蚀最经济有效的办法。

1. 选择保管场地。在选择保管场所时，应该考虑以下三个问题：

（1）根据金属商品的性质确定具体存放方式。大中型金属材料，如圆钢、方钢、六角钢等可以放置在露天场地；镀锌铁板、马口铁、金属制品和小型钢丝绳可以存入货棚；而价值较高的贵重金属和小型精密配件、五金制品则应该存放在库房中。

（2）存放金属商品的库房、货棚及货场，应远离产生有害气体和粉尘的厂房建筑。货场要用碎石或炉灰等垫平，增强地表层的透水性，以保持存储区的干燥。

（3）金属商品要与酸、碱、盐等分开存放。

2. 进行入库检查。在商品入库时，要进行严格检查，并对金属商品表面进行清理，清除水迹、油污、泥灰等污物。对于已经有锈迹的，要立即除锈。

3. 合理堆码及苫垫。采用合理的堆垛及苫垫方法，也可以有效地减少金属锈蚀的概率。

（1）堆放金属商品时要垫高垛底，并保证垛底的通风及干燥，从而使商品免受地面湿气的影响。

（2）对不同的金属材料应采用不同的存放方法，不同种类的金属材料存放于同一地点时，必须有一定的间隔距离，以防止因接触而发生腐蚀。

（3）对于放置在露天货场的金属商品，最好进行苫盖，以使其与雨水、潮湿空气隔离。

4. 控制仓库的湿度。相对湿度在60%以下，就可以防止金属制品表面凝结水分、生成电解液层而遭受电化学腐蚀。但由于相对湿度60%以下较难达到，一般库房可以将其控制在65%～70%以下。

第八条　隔离金属商品。与控制存储环境这种方法相比，将金属商品与环境隔离开的防锈方法，是一种短期的、高成本的方法。它适用于数量少、保管要求较高的金属商品的防锈。

1. 涂油防锈法。涂油防锈法是指在金属表面涂刷一层油脂，使金属表面与空气和水隔绝，以达到防锈的目的。按照防锈油在金属表面存在的状态，防锈油可以分为硬膜防锈油和软膜防锈油两种。

（1）硬膜防锈油。硬膜防锈油在使用前呈稠液状，涂在金属商品表面后会很快干涸，形成一层硬壳，即使经受轻微的磨打也不会损伤。它的防锈性能较软膜防锈油要好，但油膜不易去除，因而主要被使用于待加工材料或露天存放的大型钢铁器材的防锈。

（2）软膜防锈油。软膜防锈油刷涂在金属表面后，会形成一层油膜，从而将金属与空气隔绝。它使用方法简单，但由于油膜容易被破坏，因而多用于库房内长期封存的金属商品的防锈。

2. 气相防锈法，是利用挥发性缓蚀剂，在常温下挥发出的缓蚀气体，阻隔腐蚀介质的腐蚀作用，从而达到防锈的目的。由于其成本较高，因此一般使用于成品或较为贵重材料的保养。

（1）气相缓蚀剂的使用方法主要有三种。

①粉末法，是用气相缓蚀剂粉末，直接均匀地散布在金属制品表面，然后密封包装；或将粉末盛于具有透气性的纸带、布袋，并放入产品的包装内；或将粉末制成片剂、丸剂，密封放入金属商品包装，以起到防锈作用。

②气相防锈纸法，是一种较为普遍的防锈方法。这种方法是将气相缓蚀剂溶解于蒸馏水或有机溶剂中，然后浸涂在纸上，晾干后即成为“气相防锈纸”。使用时，可用其直接包装商品，并在外层用塑料袋或蜡纸密封。

③溶液法，使用溶液法时，要先将气相缓蚀剂溶解于水或有机溶剂，然后将其浸涂或喷涂于金属制品表面，形成一层缓蚀剂薄膜，然后用蜡纸或塑料袋进行包装。

（2）常用气相缓蚀剂包括：对钢有防锈效果的无机化合物，如氨水、碳酸铵、磷酸氢二铵等；有机物，如尿素、六次甲基四胺、苯甲酸铵等；对铸铁有防锈效果的有机物，如邻硝基酚二环己胺、邻硝基酸四乙烯五胺等。

3. 可剥性塑料包装。

（1）可剥性塑料是一种防锈包装材料，将它涂覆于金属表面上成膜后，其并不直接黏附于金属表面，而是被一层析出的油膜与金属隔开，启封时能用手轻易剥除。

（2）可剥性塑料保护层透明、柔韧性好、防锈期长，能经受恶劣的气候条件，并能抵御一般轻度的摩擦与撞击。但由于费用较贵，因而主要用于精加工及贵重商品的防锈。

除锈

第九条 手工除锈，是指用简单的除锈工具，通过手工擦、刷、磨等操作，将金属商品上的锈斑、锈痕除去的一种方法。常见的手工除锈方法如下表所示。

常见手工除锈方法

除锈工具	操作方法	除锈范围
钢丝刷	先用钢丝刷或铜丝刷打锈，再用废布将商品擦拭干净	各种铜管、水暖器材、铁板等
砂布	用砂布直接擦拭，再蘸取去污粉、煤油擦拭，最后再用干抹布擦拭一次	各种小五金工具、配件及一般精密仪器，如钢珠、轴承、天平等
木屑	把清洁干燥的木屑撒在板材上，然后用旧布盖住进行擦拭，最后将木屑扫净，并用干抹布再擦拭一次	钢板上的轻、中度锈蚀

第十条　机械除锈，是通过专用机械设备进行除锈的一种方法，它具有效率高、人力省、开支小等特点。用机械除锈，一般有抛光法、钢丝轮除锈法和喷射法三种。

1. 抛光法。用软质的棉布、帆布等制成抛光轮，利用电机带动，在高速旋转下，将锈除去。

2. 钢丝轮除锈。用金属制成的轮刷，在电动机的带动下，高速旋转去锈。

3. 喷射法。将砂粒等强力喷射到金属表面，借其冲击与摩擦的作用将锈去除。

第十一条　化学除锈，是利用能够溶解锈蚀物的化学品，除去金属制品表面上锈迹的方法。它具有操作方便、设备简单、效率高、效果好等优点，特别适用于形状复杂的商品。由于化学除锈所使用的化学溶液都有较强的腐蚀性，因此在操作时一般应遵照如下所示的步骤来进行。

1. 除油。

（1）在使用化学溶液除锈前，应先将金属商品表面的油污清除干净，以免影响除锈的效果。除油的方法主要有碱溶液除油法、有机溶剂除油法和金属清洗剂除油法三种。

（2）参碱溶液，主要是加入了乳化剂的碱溶液，它对于清洗矿物油脂有良好的效果。有机溶剂一般是指汽油、煤油等，它能溶解各种油脂，而又不损伤金属，除汽油、煤油外，对精度高的细小零件、粘接零件，可分别选用酒精、丙酮、乙醚等有机溶剂。金属清洗剂是一种新型的合成洗涤剂，由于其表面活性物质降低界面张力而产生湿润、渗透、乳化、分散等多种作用，使其具有很强的去污能力。

2. 除锈。

在去除了油迹以后，就要除净金属表面上的锈蚀及杂质。常用的除锈液主要由除锈无机酸（如磷酸、硫酸、盐酸、硝酸等）、钝化剂（如铬酸酐）或缓蚀剂（如乌洛托品）等配制而成。其中无机酸起着溶解锈迹的作用，钝化剂起着钝化保护金属商品的作用，缓蚀剂起着保护金属不受强酸腐蚀的作用。

3. 中和化学除锈步骤。

（1）商品在经过酸洗以后，其表面总会残留酸液，如果不及时将这些酸液清除干净，就可能引起金属商品在储存期间发生严重锈蚀。

（2）通常对金属商品酸洗除锈后，要先用流动清水冲洗，然后放入3%～5%碳酸钠稀溶液中进行中和，最后再用清水冲洗干净。

4. 干燥。擦去商品表面的水分，待其自然干燥。

3.14 仓储设备管理制度描述

仓储设备管理制度

总则

第一条　管理和使用好机器设备和工具，使机器设备和工具经常处于完好状态，延长其使用寿命，是仓储管理工作的一项重要内容。

第二条　仓储设备管理工作的内容主要是指设备的维护保养、检查修理，以及日常的登记、保管工作。

第三条　为了保证有效地实现设备管理目标，必须坚持以预防为主，维护保养与计划检修并重的原则，正确使用，精心保养，做好包括使用、保养、检查、修理等工作。

设备技术状况

第四条　设备技术经济指标。

1. 设备完好率，是表示设备技术状态的完好程度，是检查企业设备管理和维修工作水平的重要指标。

2. 设备故障率，是指因设备发生故障而停机的时间占设备运转时间的百分比。

3. 维修费用效率，是指单位维修费用所能生产的产品产量。

4. 单位产品（或万元产值）维修费用。

5. 平均单台设备年维修费用。

第五条　对所有设备按技术、维护、管理状况分为两类：一类是完好设备；另一类是非完好设备。

第六条　仓储部的设备必须完成上级下达的技术状况指标，即考核设备的综合完好率。

第七条　设备管理部要分别制定年、季、月度设备综合完好率指标，并层层分解落实到岗。

设备运行动态管理

第八条　设备运行动态管理，是指为了使各级维护与管理人员能准确掌握其运行状况，并相应制定措施。

第九条　建立健全系统的设备巡检措施。仓储部对每台设备，依据其结构和运行方式，制定巡检点、内容、正常运行的参数标准，并针对设备的具体运行特点，对设备的每一个巡检点，确定明确的检查周期，一般可分为时、班、日、周、旬、月检查点。

第十条　巡检保证体系。设备操作人员负责对使用设备的日常使用前的巡检点检查，机务员负责对设备的平时的巡检任务。

第十一条　信息传递与反馈。

1. 设备操作人员巡检时，如发现设备不能继续运转需紧急处理的问题，应立即通知机务员，由机务员负责处理。

2. 机务员进行的设备点检，要做好记录。

第十二条　动态资料的应用。

1. 机务员针对巡检中发现的设备缺陷、隐患，应提出安排检修的项目，纳入检修计划。

2. 巡检中发现的设备缺陷，如情况紧急，为了不影响仓储活动，应及时处理，如不能及时处理，应由机务员确定解决方案统一处理。

3. 重要设备的重大缺陷，需由仓储部经理等主要领导组织研究，确定解决方案和处理方案。

使用设备管理

第十三条　设备使用前操作人员应在人事部门的安排下，由机务员负责培训。

第十四条　使用人员只有会操作，清楚日常保养知识和安全操作知识，熟悉设备性能的程度，具有操作上岗证，才能上岗操作。

第十五条　操作人员在操作过程中，如发现设备有异常现象，应立即通知机务员检修。

第十六条　操作人员要严格按操作规程工作，认真遵守交接班制度，准确填写规定的各项运行记录。

第十七条　未经领导批准，不准拆卸或配用其他人员的机器零件和工具。

第十八条　对不遵守操作规程或玩忽职守，使仓储设备受到损失者，应酌情给予经济处罚。

3.15 仓库消防管理制度描述

仓库消防管理制度

总则

第一条　为规范仓库物资的消防安全管理，特制定本制度。

第二条　本制度由仓储部负责制定、解释，报总经理批准后执行。

第三条　本制度自颁布之日起执行。

仓库消防管理规定

第四条　新建、扩建和改建的仓库建筑设计，要符合国家建筑设计防火规范的有关规定，并经公安消防监督机构审核。仓库竣工时，应当会同公安消防监督部门进行验收，如果验收不合格，则不得交付使用。

第五条　仓库应当确定一名领导为防火责任人，全面负责仓库的消防安全管理工作。对义务消防组织，应定期进行业务培训，开展自防自救工作。

第六条　仓库应当按照国家有关消防技术规范，设置、配备消防设施和器材。消防器材应设置在明显和便于取用的地点，周围不准堆放物资。仓库应明确专人管理，保证完好有效，严禁圈占、埋压和挪用。对消防栓、灭火器等消防设施，应当经常进行检查，保证完整好用。消防车道和仓库的安全出口、疏散楼梯等消防通道，严禁堆放物资。

第七条　仓库的电气装置必须符合国家现行的有关电气设计和施工安装验收标准规范的规定。库房内不准设置移动式照明灯具，不准用电炉等取暖设备。仓库的电器设备必须由持上岗证的电工进行安装、检查和维修保养。电工应当严格遵守各项电器操作规定。

第八条　仓库应当设置醒目的防火标志。进入甲、乙类物资库区的人员，必须登记，并交出携带的火种。库房内严禁使用明火，库房外动用明火作业时，必须办理动火证，并采取严格的安全措施。库区以及周围50～100米内，严禁燃放烟花爆竹。

第九条　制定电源、火源、易燃易爆物资的安全管理和值班等制度，落实逐级防火责任制和岗位防火责任制。

第十条　进入库区的所有机动车辆，必须做好防火工作。汽车、拖拉机不准进入甲、乙、丙类物资库房。各种机动车辆装卸物资后，不准在库区、库房、货场内停放和修理。装卸作业结束后，应当对库房、库区进行检查，确认安全后，方可离开。

第十一条　物资入库前应当有人负责检查，确定无火种等隐患后，方可入库。甲、乙类物资的包装容器应当牢固、密封，发现破损、残缺、变形和物资变质、分解等情况时，应当进行安全处理，严防跑、冒、滴、漏等情况。使用过的油棉纱、油手套等沾油纤维物资以及可燃包装物，应当存放在安全地点，定期处理。

第十二条　露天存放物资应当分类、分堆、分组和分垛，并留出必要的防火间距。甲、乙类桶装液体。不宜露天存放，必须露天存放时，在炎热季节必须采取降温措施。甲、乙类物资和一般物资以及容易相互发生化学反应或者灭火方法不同的物资，必须分间、分库储存，并在醒目处标明储存物资的名称、性质和灭火方法。

第十三条　仓库内严禁吸烟，严禁使用明火，不得随意乱接电源线，不得使用电炉子等禁止使用的其他电器设备。

第十四条　仓库内不准存放易燃杂物，货物存放距照明灯不得小于0.5米。

第十五条　仓库管理员要了解本库物资的物理、化学性能，对易碎、易潮、易溶化的物资要特别维护，经常保持库内正常的温度、湿度，合理库存。

第十六条　仓库管理员要经常清洁库内地面、货架、物资上的尘土，保持库内干净整齐。

第十七条　仓库管理员、搬运人员应严格执行仓库设备的使用操作规程。

第十八条　仓库内所配备的消防设施，不得乱动或挪作他用，消防设施周围不许堆放任何物资，并经常检查，使之保持有效状态。

第十九条　仓库管理员应熟记火灾报警信号，按规定程序报警，熟知灭火器材的属性，并能正确熟练地使用各种灭火器材。

消防器材的配置

第二十条　配置消防设施与器材。

1. 仓库应当按照国家有关消防技术规范，设置、配备消防设施和器材。消防设施包括水塔、水泵、水池、消防供水管道、消防栓、消防车和消防泵等；消防器材主要是各种类型灭火器、沙箱、大小水桶、斧、钩、锨等。这些设施与器材，应当由专人管理，负责检查、维修、保养、更换和添置，保证完好有效，严禁圈占、埋压和挪用。

2. 消防器材应当设置在明显和便于取用的地点，周围不准堆放物品和杂物。库区的消防车道和仓库的安全出口、疏散楼梯等消防通道，严禁堆放物品。

仓库的防火措施

第二十一条　仓库管理员消防技能培训。

1. 仓库管理员应当熟悉储存物品的分类、性质、保管业务知识和防火安全制度，掌握消防器材的操作使用和维护保养方法，做好本岗位的防火工作。

2. 对仓库新职工应当进行仓储业务和消防知识的培训，经考试合格，方可上岗作业。

第二十二条　基本的灭火方法。

1. 冷却法。冷却法就是把燃烧物的温度降低到其燃烧点以下，使之不能燃烧，如水、酸碱灭火器、二氧化碳灭火器等均有一定的冷却作用。

2. 窒息法。窒息法就是使燃烧物与氧气隔绝，使火窒息。如黄沙、湿棉被、四氯化碳灭火器、泡沫灭火器等，都是用窒息方法灭火的。

3. 拆移法。拆移法又叫隔离法，即搬开、拆除可燃烧的部件，使火不能蔓延。

4. 遮断法。遮断法就是将浸湿的麻袋、旧棉被等遮盖在火场附近的其他易燃物和未燃物上，以防止火势蔓延。

5. 分散法。分散法就是将集中的物资迅速分散，孤立火源，一般用于露天仓库，库内也可以采用。

第二十三条　化工危险品火灾的扑救。

1. 化工危险品仓库的消防工作有其特殊的要求。爆炸品引起的火灾主要用水扑救，氧化剂起火大多数可用雾状水扑救，也可以分别用二氧化碳灭火器、泡沫灭火器和沙土扑救。

2. 易燃液体，用泡沫灭火器最有效，也可用干粉灭火器、沙土、二氧化碳灭火器扑救。由于绝大多数易燃液体都比水轻，且不溶于水，故不能用水扑救。

3. 易燃固体，一般可用水、沙土和泡沫灭火器、二氧化碳灭火器等扑救。

4. 毒害性商品失火，一般可用大量水扑救，液体有毒的宜用雾状水或沙土、二氧化碳灭火器。但氰化物着火，不能使用酸碱灭火器和泡沫灭火器，因酸与氰化物作用能产生极毒的氰化氢气体，危害性极大。

5. 腐蚀性商品中，碱类和酸类的水溶液着火可用雾状水扑救，但遇水分解的多卤化合物、氯磺酸、发烟硫酸等，不能用水扑救，只能用二氧化碳灭火器施救，有的也可用干沙土灭火。遇水燃烧的商品，只能使用干沙土和二氧化碳灭火器灭火。

6. 自燃性商品的起火，可用大量水或其他灭火器材。

7. 压缩气体起火，可用沙土、二氧化碳灭火器、泡沫灭火器扑灭。

8. 放射性物品着火，可用大量水或其他灭火剂扑灭。

3.16 仓库安全管理制度描述

仓库安全管理制度

总则

第一条　为规范仓库物资的消防安全管理，特制定本制度。

第二条　本制度由仓储部负责制定、解释，报总经理批准后执行。

第三条　本制度自颁布之日起执行。

仓库安全保障措施

第四条　仓库中必须安装防盗监视、自动报警设备，做好安全管理的各项工作。

仓库安全保卫工作是仓库安全管理的重要方面，它要求采取一切措施，提高警惕，防止事故的发生，保证仓库及储存商品的安全。通常情况下，仓库应设置专门的安全人员，全面负责仓库的保卫工作。

第五条　设立安全保卫机构。

1. 仓库的保卫工作是仓库安全管理的一个重要组成部分，它关系到整个仓库人员、财产及物资的安全。为了有效地实施仓库的保卫工作，仓库必须设立专门的保卫部门，全面负责仓库的保卫工作。

2. 仓库保卫组织的形式应当根据仓库规模的大小、生产的特点和所储存商品的重要程度而确定。

小型仓库可以不必单独设立保卫机构，只要配备专职或兼职的安全管理员即可。

3. 仓库安全保卫组织的工作应该在本企业主管部门的领导下进行，业务上受公安机关和上级保卫部门的双重领导。

第六条　明确工作职责。安全保卫工作的主要内容是严防破坏盗窃事故，预防灾害性事故的发生，维护仓库内部的治安秩序，保证仓库及库存商品的安全。具体来说，仓库保卫工作的主要任务是做好警卫及保卫工作。

1. 做好警卫工作。仓库安全管理员要负责仓库日常的警戒，做好仓库的守卫工作。

（1）守卫仓库大门，掌握出入库人员的情况，并对出入库人员进行登记。

（2）阻止非仓库人员进入仓库，严禁火种、易燃、易爆等危险品被带进仓库。

（3）核对出库凭证，检查出库商品与出库凭证是否相符，并做好相应记录。

（4）日夜轮流守卫仓库，防范非法分子的破坏活动，确保仓库的安全。

2. 做好保卫工作。仓库安全管理员还要做好仓库的防灾工作，预防并处理各类突发事件。

（1）对仓库中的设施、人员及存储商品的安全负责任，消除各种不安全的隐患，确保仓库的安全。

（2）负责在本仓库开展安全生产教育，提高仓库作业人员的安全意识。

（3）全面落实防台风、防汛、防暑降温、防寒防冻等工作，以保障仓库及存储物资的安全。

（4）配合消防部门进行消防训练和消防安全竞赛。

（5）积极完成上级领导和公安机关交办的各项治安保卫工作。

（6）定期对仓库的安全工作进行总结，提出改进意见。

第七条　仓库的安全管理员应遵守岗位职责，坚守岗位，做到文明上岗。

1. 遵守岗位规范。安全管理员要严格遵守岗位规范，做好自己的本职工作。

（1）遵守作息时间。

①仓库安全管理员必须严格遵守仓库保卫制度，坚守岗位，工作时间不得随意离开仓库。有事外出时，必须事先请假。

②为保证安全管理员的休息，仓库可设立专供安全管理员休息的保卫室。并采用三班轮休的方式。

（2）遵守检查制度。仓库安全管理员应熟悉仓库的工作人员、证件和出库手续，并严格按照制度进行各项检查。

①对外来人员、车辆进行登记，对商品出库凭证及出库商品进行详细核对。

②对仓库安全进行定期检查，并详细地记录检查情况。

（3）保护仓库安全。仓库安全管理员还要熟悉仓库附近的社会情况和地形情况，当发现不法分子行窃、破坏时，应坚决打击，并及时抓捕。

2. 做到文明上岗。安全管理员除了要履行自己的主要职责外，还要严格遵守安全管理员的文明岗位规范。

(1) 安全管理员当班必须着装整齐、统一标识、仪容整洁、坚守岗位。

(2) 安全管理员当班必须热情服务、举止文明、礼貌待人、语言规范。

(3) 安全管理员要实行文明站岗执勤，及时指挥车辆、人员的进出，保持仓库通道畅通，停车摆放整齐。

(4) 安全管理员必须保持保卫室的干净、清洁，当班人员的生活用品（茶杯、面盆、毛巾等）应放置整齐，周围环境应整洁有序。

(5) 保卫室不得兼作其他场所，不放置无关物资，无关人员不得进入保卫室内闲谈聊天。

仓库安全管理规定

第八条　严格执行物流中心安全保卫的各项规章制度。仓库安全工作要贯彻预防为主的方针，做好防火、防盗、防汛、防工伤事故的出现。

第九条　本着谁主管谁负责、宣传教育在前的原则，坚持部门责任制。建立健全各级安全组织，做到制度上墙、责任到人，逐级把关，不留死角。

第十条　按规定库区配备各种消防器材和工具，不得私自挪用。

第十一条　非仓库管理相关人员未经允许一律不得进入库房，对不听劝阻者，记下工牌号码，上报有关部门，按过失处理。

第十二条　各种生活用危险品，以及车辆、油料、易燃品严禁进入库区。

第十三条　仓库区域内严禁烟火和明火作业，确因工作需要动用明火的，应按安全保卫的有关规定执行。

第十四条　做好来宾登记工作，严禁夜间留宿无关人员。特殊情况须报中心保卫部备案。

第十五条　仓库管理员下班前要关闭水、暖、电源的开关，锁好门窗，消除一切安全隐患，上班后如发现库房内有被盗迹象，要保护好现场，并尽快通知相关部门处理。

3.17 仓库管理员工作制度描述

仓库管理员工作制度

总则

第一条 为规范仓库管理员的管理，加强仓库的管理工作，特制定本制度

第二条 本制度由公司总部仓库管理部负责制定、解释，报总经理批准后施行。

第三条 本制度自颁布之日起施行。

仓库管理员工作细节描述

第四条 做好保密工作。

第五条 仓库管理员调动工作时，要办理交接手续，由上级监交，只有当交接手续办妥之后，才能离开工作岗位。移交中的未了事宜及有关凭单，要列出清单三份，写明情况，双方与上级签字，各保留一份。

第六条 监督做好文明安全装卸、搬运工作，保证物资完整无损。

第七条 做好仓库的安全、防火和卫生工作，确保仓库和物资安全完整，库容整洁。

第八条 做好仓库所使用的工具、设备设施的维护与管理工作。

第九条 做到四“检查”。

1. 上班必须检查仓库门锁有无异常，物资有无丢失。
2. 下班检查是否已锁门、拉闸、断电及是否存在其他安全隐患。
3. 经常检查库内温度、湿度，保持通风。
4. 检查易燃、易爆物资或其他特殊物资是否单独存储、妥善保管。

第十条 严格遵守仓库工作纪律。

1. 严禁在仓库内吸烟、动用明火。

2. 严禁酒后值班。

3. 严禁无关人员进入仓库。

4. 严禁未经财务总监同意涂改账目、抽换账页。

5. 严禁在仓库内堆放杂物。

6. 严禁在仓库内存放私人物资。

7. 严禁私领、私分仓库物资。

8. 严禁在仓库内谈笑、打闹。

9. 严禁随意动用仓库的消防器材。

10. 严禁在仓库内私拉乱接电源、电线。

第十一条　未按本规定执行而造成物资短缺等，仓库管理员要承担由此造成的经济损失，其上级负领导责任，并视情节按公司相关规定进行处罚。

3.18 物料盘点管理制度描述

物料盘点管理制度

总则

第一条　目的。

为加强公司内部管理，及时掌握企业存货、财务及财产的准确数量，保证公司各项资产的安全、完整，同时也使盘点工作细节描述化，特制定本制度。

第二条　原则。

1. 真实。盘点所有的数据资料必须是真实的，不允许作弊或弄虚作假，以掩盖漏洞和失误。

2. 准确。盘点的过程要求准确无误，无论是资料的输入、陈列的核查，还是盘点的数目，都必须准确。

3. 完整。所有盘点过程的流程，包括区域的规划、盘点的原始资料、盘点数据等，都必须完整，不要遗漏区域和商品。

4. 清楚。盘点过程属于流水作业，不同的人员负责不同的工作，所以所有资料必须清楚，人员的书写必须清楚，货物的整理必须清楚。

5. 团队精神。盘点是公司全体人员都参加的核查货物的过程，为缩短盘点时间，公司各个部门必须有良好的协调配合意识，保证盘点工作的顺利进行。

第三条 职责划分。

1. 总盘人。由总经理或仓储部经理担任，负责盘点工作的统一领导和督查盘点工作的有效进行及盘点异常事项的处理。

2. 主盘人。由仓储部经理或主管担任，负责盘点工作的推动及实施。

3. 盘点人。由仓储部门人员担任，负责盘点工作。

4. 会点人。由财务部门指派专人担任，负责盘点记录工作。

5. 协点人。由经营部门的人员担任，负责盘点材料物品的搬运及整理工作。

6. 监点人。由总经理室派人担任，亦可根据实际情况由总盘人授权专人担任，监督盘点工作。

7. 协调人。为配合盘点工作的有效进行，各有关部门应指派专人负责盘点工作，盘点工作结束后，其职责自然消失。

盘点范围

第四条 存货。指原材料、辅助材料、燃料、低值易耗品、包装物、在制品、半成品、产成品的清查核点。

第五条 财务。指现金、银行存款、票据、有价证券等的盘点。

第六条 财产。指固定资产、保管资产、保管品等的盘点。

盘点方式

第七条 盘点的方式一般有如下表所示的四种。

盘点方式一览表

盘点方式	相关说明
定期盘点	主要是指在月末、年中、年底这些固定日期进行的盘点，它能够对库存的货物进行全面的盘点，盘点准确性高，但盘点时必须停止仓库作业。根据所采用的盘点工具的不同，可以分为盘点单盘点法、盘点签盘点法、货架签盘点法等
临时盘点	可以根据公司的需要随时进行
全面盘点	对柜组全部商品进行逐一盘点
部分盘点	对有关商品的库存进行盘点

第八条　年中、年终盘点。

1. 年中、年终盘点原则上应采取全面盘点方式，如因特殊原因无法全面盘点时，应呈报总经理核准后，改用其他方式进行。

2. 盘点期间原则上暂停收发物料，对于各生产单位在盘点期间的领料，经相关领导批准后，可以做特殊处理。

3. 盘点应按顺序进行，采取科学的计量方法，每项物资的数量，应予以确认后再进行下一项盘点，盘点后不得更改。

4. 盘点物品时，会点人应依据盘点实际数量做详细记录。盘点人应按事先确定的方法进行盘点，协点人应大力配合盘点工作，监点人要做好监督工作。

5. 盘点结果必须经各有关人员签名确认，一经确认则不得更改。

6. 盘点完毕，盘点人应将盘点统计表汇总编制盘存表（一式两联），第一联自存，第二联送财务部门，供核算盘点盈亏金额。

第九条　月末盘点。

对月末的存货，由分管部门及财务部门实施盘点。

第十条　临时盘点。

1. 临时盘点由总经理视实际需要，随时指派人员抽点。

2. 临时盘点原则上不应事先通知经营部门，组织工作可适当简化。

3. 盘点的技术要求同年中、年终盘点。

4. 抽查盘点工作结束后，应出具抽查盘点报告，同时对盘点中注意事项的内容和库存管理中存在的问题及隐患进行说明。

5. 盘点小组的报告经分部财务部审阅后，再根据盘点报告反映问题的重要程度，分别采取上报总部领导审批、自行组织调整或账务处理。

盘点实施

第十一条　盘点时应将相应的记录填写在盘点单据上。

第十二条　盘点票面的更改涂写，需用红笔在更改处签名。

第十三条　初盘完成后，应将初盘数量记录于盘点表上，并将盘点表转交给复盘人员。

第十四条　复盘时由初盘人员带复盘人员到盘点地点，复盘人员不应受到初盘之影响。

第十五条　复盘与初盘有差异者，应与初盘人员一起寻找差异原因，确认后记录于盘点表上。

第十六条　抽盘时可根据盘点表随机抽盘或随地抽盘。

盘点要求

第十七条　盘点工作必须统一领导，事先制订计划，做好组织工作。

第十八条　负责盘点的有关人员在进行盘点前要明确自己的职责及工作任务，事先做好准备。

第十九条　盘点工作要连续进行，原则上负责盘点的各有关人员不准请假，若有事需离开，应事先请假，获准后方可离开，各有关人员不得擅自离开岗位。

第二十条　所有盘点事项都以静态盘点为原则。

第二十一条　盘点应精确计量，避免用主观的目测方式，每种商品的数量，应于确定后再继续进行下一项，盘点后不得随意更改。

第二十二条　盘点报表若有修改处，须经盘点有关人员签字确认，否则应追究其责任。

第二十三条　盘点数据必须真实、可靠，方法必须科学、完整，程序必须规范。

第二十四条　盘点开始至工作终了期间，各组盘点人员均受盘点负责人指挥监督。

第二十五条　盘点过程中发现问题或遇到困难，需及时汇报。

第二十六条　盘点时，会点人均应依据盘点人实际盘点数，详细记录于盘点统计表上，确认无误后于该表上互相签名确认，对于差异较大的商品必须进行复盘。盘点完毕，盘点人应将盘点统计表进行系统录入。

第二十七条　盘点结束后由各组负责人向主盘人报告，经核准后才能离开岗位。

第二十八条　盘点报告必须及时完成。

第二十九条　在盘点各项工作结束后，相关部门需打印盘点盈亏报告表（一式三联），并填写数额差异原因的说明及对策后，呈报总经理签核，第一联送财务，第二联呈报总经理室，第三联相关部门自存作为库存调整的依据。

盘点奖惩

第三十条　在盘点过程中，盘点人员应忠于职守，切实履行盘点程序，对表现优秀者予以奖励。

第三十一条　在盘点过程中，如有玩忽职守、隐瞒事实、不遵从盘点程序的，将予以惩罚。

盘点结束后的工作

第三十二条　资料整理。将盘点表全部收回，并加以汇总。

第三十三条　计算盘点结果。报表中应计算出盘盈、盘亏数量。

第三十四条　根据盘点结果找出问题点，并提出改善对策。

第三十五条　做好盘点的账务处理工作。

第三十六条　仓储主管根据批准处理的盘点报表进行调账，使账物一致。

附则

第三十七条　本制度制定后，呈总经理批准后实施。

第三十八条　本制度自颁布之日起执行。

3.19 盘点操作管理制度描述

盘点操作管理制度

目的

第一条　为了更好地控制物资库存，合理调整采购并加强公司员工的责任及工作态度，根据计划需要对公司内全部物资进行盘点，特制定本制度。

盘点前的准备

第二条　盘点编组。

盘点工作开始前，根据盘点类别、盘点范围等确定盘点人员，并编制盘点人员编组表，报相关领导核定后予以实施。

第三条　人员培训。

1. 为保证盘点工作的顺利进行，在盘点工作开始前期，要对相关人员进行盘点知识的培训。

2. 培训主要从盘点物资的相关知识、盘点方法与技术两方面进行，具体内容见下表。

盘点培训的内容

培训项目	培训内容
盘点物资的相关知识	1. 盘点现场的基本情况； 2. 盘点商品的基本知识
盘点表的使用	1. 盘点的使用； 2. 盘点表的领取与收回； 3. 盘点表的记录与书写规范； 4. 签字确认； 5. 其他

续表

培训项目	培训内容
盘点操作	1. 盘点过程中的注意事项； 2. 盘点的范围； 3. 盘点点数的原则； 4. 初盘、复盘、抽盘的相关规定； 5. 其他

第四条　库存物资的整理。

1. 存货的堆置，应力求整齐、集中、分类摆放。

2. 现金、有价证券等财物类物品应按类别整理并列出清单。

第五条　仓库整理。

1. 验收完毕的物资，应及时整理归仓。

2. 仓库保持清洁、整齐，以便于计数与盘点。

第六条　盘点工具的准备。

若使用盘点机盘点，需检查盘点机是否可正常运行，如采用人员填写方式，则需准备盘点表、红色和蓝色圆珠笔、盘点单等盘点工具。

第七条　其他相关事项。

1. 协调供应商送货时间，盘点期间暂停进仓，对盘点期间收到的物资而未办妥入账手续的，应另行分别存放并予以标示。

2. 协调生产运作，盘点期间暂不办理领料、退仓等作业，若各生产单位在盘点期间确需领料，经相关领导批准后，可以做特殊处理。

盘点实施

第八条　确定盘点方式（月度盘点、年中盘点、年终盘点、临时盘点）。

第九条　确定盘点范围。

第十条　盘点实施时间：××××年××月××日××时至××××年××月××日××时。

第十一条　盘点部门：××部。

第十二条 盘点操作事项。

1. 初盘。

仓管人员负责在月（季、年）末完成初盘。由初盘人员填写盘点单中的物料编号、物品名称、初盘数量，并在初盘人栏内签名。盘点单应贴于该物料醒目的地方。

2. 复盘。

（1）复盘时，复点者要先检查盘点配置图与实际现场是否一致，以及是否有遗漏的区域。

（2）复盘可于初盘进行一段时间后开始进行，复盘者需手持初盘者已填好的盘点表，依序检查，再将复盘的数字记入复点栏内，计算出差异，填入差异栏，并在“复盘人”栏中签字。

3. 抽盘。

（1）抽盘者同复盘者一样，也要先检查盘点配置图与实际现场是否一致，以及是否有遗漏的区域。

（2）抽盘者抽点商品时，可选择盘点区域的死角、不易清点的商品、单价商品和数量多的商品，以及盘点表上金额较大的商品。

（3）抽盘者要对初盘与复盘差异较大的数额进行确认。

（4）抽盘人员应根据抽盘结果反映出的盘点及物资管理的相关问题，对盘点及物资的日常管理工作提出建议。

账载错误管理

第十三条 经盘点后，发现账载错误，如漏记、记错、算错、未结账或账记不清，应对有关人员按财务规章进行处理。

第十四条 账载数字如有涂改未签章，难以查核或虚构现象可直接反映给财务主管报总经理议处。

第十五条 记录人员、各经营部门的保管人员及其他财产保管人员有下列情况应予以赔偿。

1. 对所保管的财产有盗卖、调换、化公为私等徇私舞弊者。

2. 对所保管的财产未经报批擅自移动、出借或损坏不报者。

3. 发生以下情况，若及时汇报并采取措施避免损失进一步扩大者，可不予处罚。

（1）保管人员尽职尽责，但因不可抗力，如地震、火灾、抢劫等遭受损失者。

（2）容易腐蚀、变质，因管理人员无法控制而发生的损失。

（3）其他不属于保管人员的原因造成的其他损失。

盘点结束的后续工作

第十六条　盘点结果分析。

盘点所得的资料应与账目相核对，若发现账物不一致，则应积极查明账物差异的原因。

第十七条　盘点工作评估。

盘点工作结束后，公司应对本次盘点工作进行评估和总结，找出库存管理的不足之处，总结经验，同时也为下一次的盘点工作提供更好的经验。

附则

第十八条　本制度制定后，呈总经理批准后实施。

第十九条　本制度自颁布之日起执行。

3.20 用料预算管理制度描述

用料预算管理制度

目的和原则

第一条　目的。进行生产成本的事前控制，为实施采购提供信息参考。

第二条　原则。

1. 符合生产实际。

2. 保证物料及时供应。

3. 预算科学、可执行性强。

预算管理机构

第三条 生产部根据生产计划和订单接收情况预测未来15天内生产物料的消耗计划。

第四条 仓储部根据仓储的储位和仓库管理的实际，结合生产部的物料消耗计划制定物料仓储预算，并经公司副总经理审核通过后执行。

第五条 采购部对生产用料预算提供价格信息和采购量的支持。

预算实施

第六条 公司用料分为常备用料和非常备用料。

第七条 常备用料由相关部门根据用料周期和公司以往用料的实际情况，按半年计算用料预算。

第八条 非常备用料由用料使用单位或部门根据采购部提供的价格信息，结合用料实际制定用料预算。

存量管理

第九条 仓储部根据材料预算用量、交货所需时间、需用资金、仓储容量、变质特性和危险程度等因素，选用适当管理方法以表格形式列示各项材料的管理点，经仓储部经理核准后，作为存量管理的基准，并以此实施存量管理。

第十条 这种方法适用于常备物料、预备材料和非常备材料的存量管理。

用料差异处理

第十一条 仓储部每月8日前对实际用料和预算用料情况进行对比，并根据对比结果采取措施。

1. 对于差异在合理的基准范围内的，则应继续关注实际用料情况，并进行详细记录。

2. 对于差异超出合理的基准范围的，由相关职能部门分析原因，提出改进建议，修正预算。

附则

第十二条　详细实施细则由仓储部会同相关职能部门制定。

3.21 仓库库存量管理制度描述

仓库库存量管理制度

总则

第一条　为了降低库存成本，保证物资的及时供应，建立完善的库存管理体系，特制定本制度。

第二条　公司仓储部负责本制度的起草、执行和修改，公司生产部、采购部及相关部门协助执行本制度，公司副总经理和总经理负责对本制度提出指导意见并进行审核审批。

库存量基准建立

第三条　预测各类库存物资的月用量。

1. 用量稳定的材料。

仓库管理员根据前两年月平均物资用量，结合今年公司的经营目标和利润实现的具体要求，预测常用物资的月用量。

2. 用量不稳定的材料。

生产部相关人员根据生产要求，行政部人员根据行政管理的要求，参考销售部提供的销售量和采购部提供的相关价格信息，结合上一用量周期内的材料使用量，在每月最后十日内预测用量不稳定材料的下月使用量。

第四条　确定请购点。

1. 请购点 = 物资在一定时期内的需求量 + 安全存量。

2. 一定时期内的需求量 = 采购作业期限 × 预估月用量。

3. 安全存量 = 一定时期内的需求量 × 20%（根据物资种类可进行更

改）+装船延误日数用量。

4. 参考用量。欧美国家一般为15天用量，日本与东南亚地区一般为7天用量。

第五条 采购作业期限。

由采购人员依采购作业的各阶段所需天数设定其作业流程及作业天数，经主管核准送相关部门作为请购需求日及采购数量的参考。

第六条 设定请购量。

1. 考虑要素。

包括采购作业期限长短、最小包装量、最小交通量及库存容量。

2. 设定数量。

（1）外购材料：欧美地区每次请购三个月用量，亚洲地区为两个月用量。

（2）内购材料：每次请购25天用量。

库存量基准审核和执行

第七条 存量基准建立。

仓库管理员将以上库存量基准分别填入存量基准设定表，呈仓储部经理及主管副总经理核准，并送物料管理单位建档。

第八条 请购作业。

各物资使用部门在填写请购单时，由仓库管理员利用库存控制系统查询在途量、库存量及安全存量，并填写请购单。

用料差异管理

第九条 用料差异管理基准。

1. 第1阶段（每月前10日）实际用量超出该旬设定量__%以上者（由公司自订）。

2. 第2阶段（每月前20日）实际用量超出该旬设定量__%以上者（由公司自订）。

3. 第3阶段（每个自然月）实际用量超出全月设定量__%以上者（由

公司自订）。

4. 在设定用料差异管理基准时，一般情况下，第一阶段的设定量要高于第二阶段，第二阶段的基准要高于第三阶段。

第十条　月用量修订。

1. 用料差异分析及处理。

物资使用部门的相关人员在每月 5 日前针对上月用料的差异情况，查明差异原因并拟订处理措施，研究是否修正月用量。

2. 用料差异处理。

对于应修订月用量的情况，应当报主管副总经理进行审核，并经总经理批准后送仓储部以便修改存量基准。

第十一条　库存修正。

库存控制人员得到核准修订月用量的用料差异的批准后，应立即查询库存管理表，查询该物资的在途量与进度，并及时修改物资月用量。

库存量资料管理

第十二条　仓储部库存控制人员负责相关资料的汇总和收集，根据公司文件管理制度描述将相关资料送行政部进行归档管理。

第十三条　公司行政部负责将相关资料进行归档管理。

3.22 物资消耗定额管理制度描述

物资消耗定额管理制度

总则

第一条　消耗定额管理是针对生产中所需的物资等设立的，是实现单位产出而合理消耗物料、设备的数量标准，以及围绕这些数量标准而进行的一系列活动。可以用单耗的统计平均值来表示。

第二条　实行物资消耗定额管理是公司降低和控制生产成本，提高投入产出比的重要经济技术指标，是对产品进行成本核算和经济核算，制订采购计划和仓储计划的前提，是有计划地合理利用和节约原材料的有效手段。

第三条 制定物资消耗定额的主要方法。

1. 实际测试法。

2. 经验估算法。

3. 统计分析法。

4. 工艺计算法。

第四条 公司物资消耗定额的确定方法应在保证产品质量的前提下，根据公司生产的具体条件，结合产品结构和工艺要求，以理论计算和技术实际测定为主，以经验估计和统计分析为辅来制定最经济、最合理的消耗定额。

第五条 本制度适用于生产或办公物资消耗定额以及储备定额的制定。

消耗定额的确定

第六条 仓储部负责储备定额的制定，生产部负责物料和设备消耗定额的制定，行政部负责办公用品等消耗定额的确定。其他涉及消耗定额的制定事项由相关职能部门根据部门职责制定。

第七条 消耗定额的确定。

1. 对于消耗量稳定的物资的定额，由相关部门人员根据本部门上年和上月的消耗情况，结合公司年生产目标和管理目标，经过理论计算而确定。

2. 对于消耗量不稳定的物资的定额，由相关部门人员根据相似物资、行业综合水平以及理论要求进行科学计算，并进行实际测试，从而确定最终的消耗定额。

3. 消耗定额的确定以节约和保证供给为基础，以不造成浪费、略有剩余为原则。

消耗定额的审查和批准

第八条 各个部门在制定自己的消耗定额后，先由各部门经理进行审核，主要考察消耗定额的合理性和可执行性。

第九条　公司副总经理根据公司的总体发展战略、年度经营目标以及成本控制的要求对各个部门的消耗定额进行审核，财务部、采购部等相关部门根据需要给予配合。

第十条　公司总经理对消耗定额进行最终审批，审批后报相关部门备案，并作为考核的重要依据之一。

第十一条　对于未通过审核、审批的消耗定额由相关部门进行修改和完善，并重新报批。

消耗定额的核算和修改

第十二条　各相关部门在每月底对当月使用的各类物资进行核算，并将核算结果同消耗定额进行比较，为管理的改进提供参考信息。

第十三条　公司每半年对消耗定额和消耗的实际情况进行汇总，并根据结果决定是否对消耗定额进行调整。

第十四条　修改消耗定额的条件。

1. 新生产线的投入使用。

2. 新的仓储管理和行政管理系统技术的改进。

3. 公司参与市场竞争、降低成本需要。

4. 公司管理模式的转变。

第十五条　特殊情况下，公司可根据相关部门的修改消耗定额的申请，在组织财务部、采购部等相关部门进行综合分析的基础上，经主管副总经理审核同意，修改消耗定额。

限额供料

第十六条　限额供料是针对生产所需的物料而设定的，目的在于降低库存成本，有效控制投入产出。

第十七条　根据生产周期和对物料的消耗速度，确定具体的额度，主要由生产部和仓储部经过协商确定，并由公司副总经理进行审批。

3.23 库存商品账务处理制度描述

库存商品账务处理制度

入库账务处理

第一条　对于新购货物，采购部在货物到达仓库前三日内将相关订购单、提货单和验收单等单据交仓储部，仓储部根据单据对商品进行验收和入账。

第二条　仓库管理员将入库商品根据类别将其型号、规格和数量等信息详细进行登记。

第三条　仓储部在所购物料入库当日，根据实际进货规格和数量填制商品（供应品）进库单，并根据公司财务管理制度描述将相关单据及时转送财务部入账。

分公司进货账务处理

第四条　公司下属分公司进货凭借商品（供应品）订货单向仓储部订货。

第五条　仓储部对各分公司的订货，应于接到订货单的当日答复并组织出货，出货时应填制商品（供应品）调拨单，除第四联自存外，第一、二、三联应连同商品寄送进货单位签收。

第六条　各分公司在收到仓储部发出的商品时，应及时根据货品交运明细表及商品（供应品）调拨单上的进货内容办理验收进货，而后在库存商品明细表或存货日记簿上入账；商品（供应品）调拨单应于验收无误签收后，将其第二联寄还仓储部，第三联连同货品交运明细表第二联及时送交财务部，第一联自行留存。

第七条　仓库管理员就所保管的商品按型号或规格分别填写型号明细表或存货日记簿。

出货账务处理

第八条　库存任何商品的出货，由领货人出示经单位主管签准的商品领货单，销售部人员还应另填写商品领货卡等作为出货的凭单。

第九条　商品领货单一式两联，第一联由领货人交财务人员存查，第二联由仓储部存查。商品领货卡由仓储部于每月月底当天将销售部各月内所领出的商品（尚未还仓部分）逐一按人员分别登入，而后发文至各单位，并由各公司财务人员统一代为保管。

第十条　库存商品出货后，仓库管理员应于当日凭着商品领货单上的记载登入型号登记簿中有关的记载栏内，作为该商品去向的追踪，商品领货记录卡则应于出货时，由仓库管理员签注后，立即交还原出货人。

第十一条　领货人必须在出货当日开立发票交货，若不能当天开立发票交货则应于出货当日下班前将领出的商品归还仓储部。如因将商品送往客户处试用以致无法还仓时，应于出货的当日下班前，将已经客户正式盖章签收或单位主管签发的商品试用签收单交仓库管理员保管。

第十二条　领出商品如系已商妥欲交货的，领货人应于出货后根据商品领货记录卡上的型号、号码等有关资料，另填写交货通知请示单。请示核准后，交公司财务会计开立发票。

第十三条　财务会计在开立发票时应先核对交货通知请示单内有关客户名称、货物型号、号码等的记载是否与商品领用记录卡上所载相符，同时还应根据卡上所载内容将其详细记载到发票摘要栏内，不得误登或漏登。

还仓账务处理

第十四条　领出的商品如系供客户试用、表演或更换等而还仓的，原领货人应将商品及商品领用记录卡一起交到仓储部，仓库管理员负责验收后，在商品领用记录卡上签收，并将原领货人的商品领货单加注商品还仓日期后作废。还仓的商品若经发现有毁损或附件短缺情形时，则仓库管理员应依据实际验收情形，另行填制商品（附件）毁损赔偿明细单，交由领货人签认后，第一联由领货人留存，第二联送财务部扣款，第三联由仓库管理员留存。

旧货回收账务处理

第十五条 销售部销售商品应客户要求必须收回旧货时，应依《权责划分办法》的规定，在事先请示核准后，才能办理旧货回收手续。旧货回收应填制商品进库单，同时在备注栏内注明“旧货估回”等字样，并依《权责划分办法》的规定，呈请签准后，向仓储部办理商品进仓。

第十六条 仓库管理员在收到回收的商品时，应依照商品进库单上所栽内容，办理签收入账，第二联交由原持货人送交公司财务会计附于当日销货报告后，并由财务部稽核，第三联由仓储部留存。

销货退回账务处理

第十七条 销售部在销售商品时遇有销货退回情形发生时，应立即填制商品（供应品）进库单，同时在备注栏内注明“销货退回”字样，并依《权责划分办法》的规定呈请签准后，向仓储部办理货物进仓。

第十八条 仓库管理员在收到销货退回的商品时，应立即详细检查，如无毁损或附件短少情形，应立即在商品（供应品）进库单上予以签收，同时登入商品登记簿内，并将商品（供应品）进库单的第一联转送财务部入账，第二联交由原持货人向公司财务办理销货退回手续，然后附于当日的销货报告后一并送交财务部稽核，第三联由仓储部留存。如商品经仓库管理员检查发现有毁损或附件短少情形时，应立即依实际验收情形另行填制商品（附件）毁损赔偿明细单，经由原持商品人签认后，第一联由原持商品人留存，第二联送财务部扣款，第三联由仓库管理员留存。

供应品出货账务处理

第十九条 供应品经出货后，如系耗用，则领货人应填写附件（供应品）耗用单，并依《权责划分办法》规定呈报核准后，交仓储部凭以销账。

第二十条 公司财务人员在编制销货报告时，不得有漏填型号的事情发生。凡未经出货，财务人员不得擅自虚开发票。如因实际需要，应由该笔交易的经办人事先书面呈副总经理核准后，方能先行开立发票，而该书面报告应随同销货报告转送仓储部保管。未附送书面报告者，一律不予核计实绩。

第二十一条　仓库管理员根据每日销货报告分别销账，不得误销或漏销。

第二十二条　库存商品如因不可避免的因素，导致有所毁损时，仓库管理员应填写商品送修单表明缺件或故障情形，连同商品一起送服务单位修护。

第二十三条　商品送修单一式四联，第一联由送修单位仓库管理员存查，第二、三联由送修单位连同商品送仓储部转送服务部签收后，第二联由仓储部留存，第三联由服务部留存，第四联由服务部填写预定修妥日期后，寄还送修单位交仓库管理员收存。

第二十四条　服务部修妥送修的商品后，应将原留存的商品送修单第三联及商品一并转交仓储部，并由仓库管理员签收后留存，如该商品系分公司送修的商品，则仓库管理员应于两日内寄还送修单位。

第二十五条　分公司送修的待料商品，除非向仓储部办理调拨手续转由仓储部进货，否则一律视为存货账上的库存商品。

第二十六条　仓库管理员应于每日自行清点所经管的商品，并于月底填制商品存货月报表和供应品存货月报表送交仓储部及财务部核对，仓储部核对无误后，在次月 5 日前向上级主管呈报上月全公司的商品存货月报表及供应品存货月报表。

附则

第二十七条　本制度经公司总经理审批通过后，自颁布之日起执行。

3.24 呆废料管理制度描述

呆废料管理制度

目的

第一条　有效推动本公司滞存材料及成品的处理，以达物尽其用，货畅其流，减少资金积压及物料管理困扰。

范围

第二条　本公司所有呆滞废料。

定义

第三条　滞料：凡品质（型号、规格、材质、效能）不合标准，存储过久已无使用机会，或有使用机会，但用料极少存量多且有变质疑虑，或因陈腐、劣化、革新等现状已不适用需专案处理的材料。其形成原因如下：

1. 销售预测值高造成储料过剩（BTN 材料）。
2. 订单取消剩余的材料（BTO 材料）。
3. 工程变更所剩余的材料。
4. 品质（型号、规格、材质、效能）不合标准。
5. 仓储管理不善致使材料陈腐、劣化、变质。
6. 用料预算大于实际领用。
7. 请购不当。
8. 试验材料。
9. 代客加工余料。

第四条　滞成品。

凡因品质不合标准、储存不当变质或制妥后遭客户取消、超量制造等因素影响，导致储存期间超过6个月的成品，需专项处理。滞存原因分类如下：

1. 计划生产（BTN）：

A. 正常产品库存超过 6 个月未销售或未销售完。

B. 正常品库存虽未超过 6 个月但已发生变质。

C. 与正常品同规格因品质或其他特殊因素未能出库。

D. 每批生产发生的次级品储存期间超过 3 个月。

2. 订单生产：

A. 订单遭客户取消超过 3 个月未能转售或转售未完。

B. 超制。

C. 生产所发生的次级品。

3. 其他：

A. 试制品缴库超过 3 个月未出库。

B. 销货退回被列为次级品。

第五条　物料控制部门设定呆滞料处理小组，专门预防及跟踪处理呆滞料事件。

工作职责与作业程序

第六条　滞料处理工作职责。

1. 物料控制部门：

A. 6 个月无异动滞料明细表的填制。

B. 滞料库存月报表的编制。

2. 滞成品处理部门：

A. 请购案件查看有无滞料可资利用。

B. 追查滞料 6 个月无羿动的原因，拟定处理方式及处理期限。

C. 留用部分的督促。

第七条　滞料处理的作业程序。

1. 货仓部于每月 5 日前，依类别将 6 个月无异动的物料填制报表。

2. 滞料处理部门接到报表后，追查滞存原因及拟定处理方式及处理期限。

3. 货仓部接到滞料处理报告表后，应在料账卡上注明处理方式。

4. 若滞料处理方式属于出售、交换，即由采购部门负责办理。

5. 工程部门接到滞料处理表后，应立即积极依拟定的处理期限进行处理：

A. 在开发设计新产品时应优先考虑呆料的利用。

B. 对于存量过多的呆料得由开发部研究使用此呆料于现有机种的可能性或为现行使用零件之代用品。

C. 对于已淘汰机种所造成的器材料必须维护必要数量的修复零件。

6. 逾期仍未处理完毕的，应注明原因并重新拟定处理方式，经物料控制部门批准后继续处理。

7. 为防止呆料的发生，物控主管核定申购单时特别注意请领数量，对于即将淘汰的产品应特别注意。

8. 拟报废方式处理的，应由物料控制部门开具物料报废单，经核准权限的人员批准后，进行报废处理。

9. 淘汰旧产品时应有完善计划以尽量避免呆料的发生。

3.25 物料发放管理制度描述

物料发放管理制度

总则

第一条　目的。

为规范物料发放工作，保证物料及时、准确的发放，特制定本制度。

第二条　适用范围。

本标准适用于本公司所有物料的发放。

第三条　职责。

1. 仓储部出库管理人员具体负责物料的发放工作。

2. QA 现场监控员负责对物料发放过程进行监控。

细则

第四条　发放物料前的准备。

1. 出库管理人员接到使用部门开立的领料表或提货单后，先核对单据中的各栏目是否填写清楚、完整，以及领料表是否经使用部门的主管确认（生产用原、辅、包装材料需经 QA 现场监控员确认）。

2. 审核需发物料的品名、规格、批号、检验报告书等是否与领料表中的项目相符。

第五条　发放原则。

1. 未经检验合格的物料不得发放。

2. 已过有效期的物料不得发放。

3. 物料发放按“先进先出”的原则进行发放。

4. 同批物料中贴有“取样验证”的最后发放。

5. 上批退料先发（优先于复验合格的物料）。

6. 复验合格的物料先发放。

7. 接近有效期限的物料先发放。

8. 手续不全的领料项目不得发放。

第六条　物料发放程序。

1. 仓库出库管理人员核对出库凭证、领料单等。

2. 仓库出库管理人员按领料单上指定的品种、数量备货，备货时应注意检查外包装是否整洁完好，文字内容是否正确、清晰，是否贴有产品合格证，以及是否在有效期内等。

3. 仓库出库管理人员复核查对物料的数量、型号等是否准确。

4. 仓库出库管理人员检查无误，交领料员复核后，两人均在领料单上签字认可。

5. 仓库出库管理人员及时填写物料发货记录。

6. 仓库出库管理人员发货完毕，清洁发料现场并进行在库物料清点。

7. 仓库出库管理人员如实填写物料分类账和货位卡，及时结账销卡。

第七条 定额发放。

1. 生产部会同仓储部，根据总经理审批的生产计划和消耗定额，按物料的名称、品种和批别，确定发料定额。

2. 发料定额确定后通知领料部门、车间、仓储部、仓库、财务部等相关部门。

3. 领料单位通过定额发料单领取限额发放的物料。

附则

第八条 物料发放参照《物料出库管理制度描述》执行。

第九条 本规定经总经理审批通过后颁布执行。

3.26 物料领用管理制度描述

物料领用管理制度

总则

第一条 目的。为规范本企业物料领用工作，避免因领用不当造成不必要的损失，特制定本制度。

第二条 适用范围。适用于本企业所有的物料领用。

第三条 相关部门责任。

1. 各物料使用部门设置专人负责物料的领用。

2. 仓储部和仓库根据物料领用单负责物料的发放工作。

细则

第四条 凡属本公司自办工程或代办工程的物料领用，一律使用企业规定使用的物料领用表，分别填写进口物料、国产物料两种。

第五条 物料领用表填写注意事项。

1. 清楚地填写领用部门、工程名称、成本中心、工程编号、施工单位等各栏目内容。

2. 领料表必须经过成本中心授权人签名批准。

3. 领料表必须加盖工程部工程物料专用章。

4. 领料表必须经过物料管理部计划组的计划审核，并加盖计划审核章。

第六条　各部门、各分公司领用正常的维护材料时，只需填写货仓取货申请单。

第七条　取货申请单的填写要认真、规范，字迹清晰。

第八条　填写工程材料领用表或货仓取货申请单时，进口材料与国产材料应分别填写。

第九条　领取数量栏必须用规定字体填写要领取的数量。如果需要修改数量，则必须经过授权人签名确认，否则物料管理部有权不审核发料。

第十条　坚持工程材料、维护材料专项专用的原则。

第十一条　各分公司承接的代办工程，通过工程部门审批后，物料管理部才能够予以办理审核领料手续。

第十二条　代办工程需自购材料的，要由工程部开具工程材料预算表，并经物料管理部领导审批后才可实施采购。

第十三条　各部门、分公司需要的劳动保护用品，经本部门成本中心授权人签名，再由人事部主管劳动保护用品的有关人员审批签名后，才能给予办理审核领料手续。

第十四条　各部门、各分公司要严格按企业拟订的年度物料计划进行领料。对无计划和超计划领料，物料管理部有权不予审核发料。

注意事项

第十五条　各种物料的转让和外售，必须经过物料管理部的批准。

第十六条　外部赠送的物品，由总经理办公室报总经理审批通过后才能领取。

第十七条　严禁材料的多领多占，以免影响工程材料的正常使用。

第十八条　各部门领用材料时，要严格按照领料表规定的内容和填写标准填写，不准在领料表上作任何更改。如填写错误，必须重新填写，对不符合规定的领料表，仓库有权拒发。

第十九条 对于应急材料，仓储部和采购部不能及时供应的，经总经理同意，部门可自购。

第二十条 各独立核算的分公司，如果库存不足，下属分公司可以向采购部提出采购申请，也可自行采购。

附则

第二十一条 本制度由物料管理部、仓储部、工程部等部门联合制订，经总经理审批通过后按制度要求执行。

3.27 物资出库管理制度描述

物资出库管理制度

总则

第一条 目的。

为了规范本公司的物资出库工作，保证各类物资快速、准确地出库，及时投入使用或进入市场，特制定本制度。

第二条 适用范围。

凡本公司仓储物资的出库工作，均按本制度的相关规定执行。

出库前的准备工作

第三条 物资经多次装卸、堆码、翻仓和拆检，会使部分包装受损，不符合运输的要求。因此，仓库仓管员必须视情况事先进行整理、加固或改换包装。

第四条 零星物资的组配、分装。

1. 根据物资的特性及实际使用要求，有些物资需要拆零后出库。因此仓管员要事先做好准备，备足零散物资，避免因临时拆零而延误发货时间。

2. 对于需要拼箱的物资，仓管员应做好挑选、分类、整理和配套准备工作。

第五条　包装材料、工具、用品的准备。

对于需要装箱、拼箱或改装的物资，仓管员应根据物资的性质和运输的要求，准备各种包装材料、相应的衬垫物，以及包装标志所需的用具、标签、颜料和钉箱、打包等工具。

第六条　待运物资的仓容及装卸机具的安排调配。

物资出库前，应留出必要的理货场地，并准备必要的装卸搬运设备，以方便运输人员的提货发运或装箱送箱，加快发送速度。

第七条　出库作业的合理组织。

由于出库作业是一项涉及人员多、处理时间紧、琐碎复杂、工作量大的工作，仓储部应事先对出库作业合理地加以组织，安排、协调好作业人员和机械，保证各个环节的紧密衔接。

第八条　出库凭证的准备。

1. 物资的出库，一律凭盖有财务专用章和有关部门签章的领料表（一式四联，一联存领用部门，一联交财务部，一联交仓库作为出库依据，一联交统计）。

2. 仓库出库管理人员在发货时，应根据领料表，填写物资的出库单。

物资出库作业程序

第九条　核对出库凭证。

1. 物资出库，必须有正式的出库凭证。此类凭证均应有使用部门主管人员、仓储部经理的签章。

2. 出库凭证应包括的内容如下。

（1）经物资领用部门主管签名的物资领用单。

（2）经仓储部经理签章的出库单。

（3）物资检验合格报告书、合格证等。

3. 出库管理人员接到物资领用单后，要认真核对物资的编号、规格、品名、数量有无差错和涂改，有关部门的签章是否齐全。

4. 审核无误后，出库管理人员按照出库单所列的物资品名、规格、数量与仓库账目，再进行全面核对。

第十条　备货。

出库凭证经复核无误后，出库管理人员按其所列的项目内容和凭证上的批注，与编号货位进行核对，核实后核销物资明细卡上的存量，按规定的批次备货。

1. 销卡：在物资出库时，应先销卡后付货。

2. 理单：根据物资的货位，按物资领用单的编号顺序排列，以便迅速找对货位，及时出库。

3. 核对：按照货位找到相应的物资后，出库管理人员要“以表对卡，以卡对货”，进行单、卡、货的核对。

4. 点数：出库管理人员要仔细点清物资出库的数量，以防止出现差错。

5. 签单：应付物资付讫后，出库管理人员应逐笔在出库凭证上签名。

第十一条　理货。

1. 核对。出库管理人员、领料员根据物资场地的大小、运输车辆到库的班次，对到场物资按照车辆配载。

领料部门编配分堆，然后对场地分堆的物资进行单货核对，核对工作必须逐车、逐批地进行，以确保单货数量、去向等完全相符。

2. 置唛。为方便收货方的收转，理货员必须在应发物资的外包装上注明收货方的简称。置唛应在物资外包装的两侧，字迹应清楚，不错不漏；复用旧包装的置唛，必须消除原有标志；如粘贴标签，必须粘贴牢固，便于领料员的收转。

第十二条　复核查对。

1. 出库复核人员按照出库凭证，对出库物资的品名、规格、数量进行再次核对，以保证物资出库的准确性。

2. 复核查对的具体内容

（1）怕震怕潮的物资，衬垫是否稳妥，密封是否严密。

（2）每件包装是否有装箱单，装箱单上所列各项目是否和实物、凭证等相符。

（3）领料部门、箱号、危险品或防震防潮等标志是否正确、明显。

（4）是否便于装卸搬运作业，能否保证物资在运输装卸中不致破损。

3. 复核查对的结果处理。

如经反复核对确实不符时，应立即进行调换，并将错备物品上所印刷的标记除掉，退回原库房。退回后，再次复核结余物品的数量或重量，是否与保管账目、物资保管卡片的结余数目相符，若发现不符，应立即查明原因，及时更正。

第十三条　交接清点。

1. 出库物资复核无误后，再将物资交给领料人清点，办清交接手续。

2. 车辆到库装载待运物资时，出库管理人员、领料员要亲自在现场监督装载全过程。实际装车件数，必须共同点交清楚。

第十四条　经点交清楚的物资发运后，该物资出库工作即告结束，出库管理人员应做好清理工作，及时核销物资明细卡，调整货位上的吊牌，以保持物资的账、卡、物一致，及时准确地反映物资进出、存取的动态。

特别注意事项

第十五条　物资出库，必须按出库凭证、物资领用单办理，不得白条出库。

第十六条　物资出库时，必须经复核员复核，根据出库单仔细检验库别、签章、品名、产地、规格、数量是否清楚，发现问题及时与有关部门联系，妥善解决。

第十七条　验单合格后，应进行销账再出库。

第十八条　物资出库时必须有编号，以单对账、以账对卡、以卡对物。

第十九条　物资出库时，出库管理人员要仔细清点出库数量，做到“人不离垛、件件过目、动碰复核、监搬监运”，对搬运不符合要求的动作，要及时纠正，防止物资损坏。

第二十条　物资出库时，要严把“货票审核关”“动碰制度关”“加盖货已付讫章关”。

第二十一条　在下列情况下，出库管理人员可以拒付物资。

1. 白条出库，任何人开的白条都不能视作物资出库凭证。

2. 物资出库凭证字迹不清，单货型号不符或涂改。

3. 领料人与物资出库凭证所列部门不符。

4. 物资领用单盖章不全。

附则

第二十二条　本制度自核准颁布之日起执行。

3.28 成品发货管理制度描述

成品发货管理制度

总则

第一条　目的。为了规范公司成品的发货工作，防止货物多发、错发、漏发等，特制定本制度。

第二条　适用范围。本制度适用于公司成品的发货作业。

发货总体规定

第三条　仓储部接到订货通知单时，经办人员应依产成品规格及订货通知单编号顺序列档，内容不明确应即时向销售部的业务人员确认。

第四条　因客户业务需要，收货人属于非订购客户或收货地点非其营业所在地的，依下列规定办理。

1. 经销商的订货、交货地点非其营业所在地的，其订货通知单应经销售主管核签后方可办理交运。

2. 收货人非订购客户的，应有订购客户出具的收货通知单方可办理交运。

3. 仓储部接到订货通知单方可发货，但有指定交运日期的，应依其指定日期交运。

4. 订制品（计划品）在客户需要日期前入库或订货通知单注明“不得提前交运”的，仓库管理员若因库位问题需提前交运时，应先联络销售部的业务人员告知客户，经客户同意，且收到业务人员的出货通知后方可提前交运。

5. 若是紧急出货，应由销售主管通知仓储主管予以先行交运，再补办出货通知手续。

6. 未经办理入库检验手续的成品不得交运，若需紧急交运时需于交运的同时办理入库检验手续。

7. 订制品交运前，仓储部若接到销售部的暂缓出货通知，应立即暂缓交运，等收到业务部门的出货通知后再办理交运。在特别紧急的情况下，可由销售主管先以电话通知仓储主管，但事后仍应及时补办相关手续。

8. 成品交运单填好后，应于订货通知单上填写交运日期、成品交运单编号及交运数量等，以便相关作业人员了解交运情况。

交运期限规定

第五条　凡遇下列情况之一者，仓储部应于1天前办妥成品交运单，并于1天内交运。

1. 计划产品接到客户的订货通知单时的交货日期。

2. 内销、合作外销订制品，依客户需要的日期。

第六条　直接外销订制品入库后，需配合结关日期交运。

承运车辆调派与控制

第七条　仓储部应指定人员负责承运车辆与发货人员的调派。

第八条　仓储部应于每日16：00以前准备好第二天应交运的成品交运单，并通知承运公司调派车辆。

第九条　如果承运车辆可能于营业时间外抵达客户指定的交货地址，则成品交运前仓储部仓库管理员应将预定抵达时间通知销售部的业务人员，由其转告客户准备收货。

复核货物

第十条 货物备好后和装运前，仓库管理员应仔细做好出库货物的复核工作。

第十一条 出库复核是指以订货通知单、成品交运单为依据，对货物出库作业过程的各个工序进行反复核对。

第十二条 出库复核的内容。

仓库管理员对货物进行复核时，主要应关注配备的货物是否与订货通知单、成品交运单等出库单据相符，确保货物质量满足客户需要。具体复核的内容如下表所示。

出库复核内容一览表

复核项目	操作说明	具体检查项目
复核出库单据	主要审查货物出库凭证有无伪造编造，是否合乎规定手续，以及各项目填写是否齐全等	凭证有无涂改、过期凭证中各栏项目填写是否正确、完整等。 凭证中的字迹是否清楚。 印鉴及签字是否正确、真实、齐全。 出库货物应附的技术证件和各种凭证是否齐全
复核实物	根据货物出库凭证上所列项目对配备待发货物进行核对	核对货物的品种、规格、牌号、单位、数量是否与凭证相符。 核对货物的包装是否完好，外观质量是否合格复核账、货结存情况。 核对配货时取货的货垛及货架。 上货物的结存数进行核对检查货物的数量、规格等与出库凭证上标明的账面结存数是否相符。 核对货物的货位、货卡有无问题，以便做到账、货、卡相符

第十三条 做好复核记录。复核后，仓库管理员应该根据实际情况做好复核记录，如实、详细地填写出库复核记录表。

内销及直接外销的成品交运

第十四条 成品交运时，仓储部应依订货通知单开立成品交运单（一式六联)，销售部开立发票，客户联发票经核对无误后寄交客户，存根联与未用的发票于下月 2 日前送至财务部。

第十五条　订货通知单上注明有预收款的，在开列成品交运单时，应在“预收款”栏内注明预收款金额及发票号码；分批交运的，其收款以最后一批交货为原则，但订货通知单内有特殊规定者例外。

第十六条　成品交运单的流转规定。

1. 承运车辆入厂装载成品后，发货人及承运人应于成品交运单上签章，第一、二联经送销售部业务人员核对后，第一联由销售部保存，第二联交财务部核对入账，第三、四、五联交承运商。

2. 货物送达时，成品交运单经客户签收后，第三联由客户留存，第四、五联交承运商送回本公司仓储部，其中第四联送回销售部，第五联由承运商留存并依此申请运费，第六联由仓储部自存。

客户自运

第十七条　客户要求自运时，仓储部应事先联络销售部，与相关人员进行确认。

第十八条　成品装载后，承运人于成品交运单上签认，依本公司相关规定办理。

直接外销的成品交运

第十九条　仓储部应于结关前将成品运抵指定码头，以减少额外费用。

第二十条　成品交运时，仓储部应依外销订货通知单开列成品交运单(一式六联)。

第二十一条　外销发票正联送销售部收存，存根联与未用的发票则于下月 2 日前送至财务部。

成品交运单的更正

第二十二条　成品交运单因填单错误而需要更正时，依第 23、24 条的规定办理。

第二十三条 内销成品交运单的更正。

1. 尚未交运。开单人员应于原单错误处更正，并加盖更正章。如果难以更正，则将原单各联加盖“本单作废”字样，重开成品交运单办理交运。作废的成品交运单第一联留仓储部，其余各联依序装订成册送财务部核对存档。开错的发票则加盖“作废”章存于原发票本。

2. 已交运。开单人员应立即开立交运更正单（内销），第一、二、三联送销售部核对后，第一联由销售部存，第二联送财务部，第三联依实际需要转送承运商，第四联寄送客户，第五、六联留仓储部。

3. 如发票已送客户，因错误而需重开者，应将新开发票连同交运更正单第四联送销售部转交客户，并督促销售部向客户取回原发票。

第二十四条 外销成品交运单的更正。

1. 尚未交运。参照第二十三条第1款的规定办理。

2. 已交运。经办人员应立即至交运的码头办理装箱单等报关文件的更正，并立即开立交运更正单（外销）。

3. 交运更正单（外销）不得作为出厂凭证。

成品交运单签收回联的审核及责任追究

第二十五条 成品交运单的审核。

仓储部收到成品交运单签收回联有下列情况者，应即附有关单据送销售部转交客户补签。

1. 未盖“收货章”。

2. “收货章”模糊不清难以辨认，或公司名称非全称。

3. 其他章（如公文专用章）充当“收货章”。

第二十六条 责任追究。

仓储部于每月10日前，对上月已签收的成品交运单但尚未收回回联的，应立即追究责任，并依合同规定罚扣运费，同时应于月度前收集齐全，依序装订成册送财务部核对存查。

运费审核

第二十七条　仓储部于每月收到承运公司送回的成品交运单签收回联、运费明细表及发票存根时，应于5个工作日内审核完毕，并及时送财务部整理付款。

第二十八条　仓储部审核运费时，应检查开单出厂及客户签收的日期，若有逾期送达或违反承运合同规定的情形，均依承运合同的规定罚扣运费。

第二十九条　若成品交运单签收回联存在异常时，除依规定办理外，其运费也应暂缓支付。

附则

第三十条　本制度由仓储部负责制定，经总经理审批后实施。

3.29 仓储车辆管理制度描述

仓储车辆管理制度

总则

第一条　目的。

为了规范公司仓储车辆管理，降低车辆管理费用，减少不必要的消耗，提高运输配送工作效率，特制定本制度。

第二条　管理范围。

运输配送过程中使用的所有机动车辆。

第三条　管理的任务。

1. 按规定办理车辆的各种车务手续。

2. 负责审批车辆的强制保养与定期检修。

3. 办理车辆的各种年检手续。

4. 编制车辆的改装、改造、更新、报废和购置计划。

5. 车辆的技术监督与检查工作。

车辆日常管理

第四条 公司所有运输车辆的证照及其稽核等事务统一由仓储部负责管理，配属各运输队的车辆由运输配送主管指派专人调派，并负责维修、检验、清洁等工作。

第五条 用车须事先向运输配送主管申请调派。运输主管依重要性顺序派车，不按规定办理申请者，不得派车。

第六条 每车应设置车辆行驶记录表，并在使用前核对车辆里程表与记录表上前一次用车的记载是否相符，使用后应记载行驶里程、时间、地点、用途等。运输部每月抽查一次，发现记载不实、不全或未记载者，应呈报主管提出批评，对不听劝阻屡犯者应给予处分。

第七条 每车设置车辆使用记录表，由财务会计于每次加油及维修保养时记录，以了解车辆受控状况。每月初连同行驶记录表一并转仓储部稽核。

驾驶员管理

第八条 所有驾驶员必须认真遵守交通法规，遵守公司各项规章制度，确保交通安全。

第九条 驾驶员应爱护车辆，平时注意车辆的保养，保证机件、外观良好，使用后应将车辆清洗干净。

第十条 驾驶员应服从车辆调度人员的工作安排，树立服务意识，提高服务质量，满足生产、工作的需求。

第十一条 驾驶员必须树立成本意识，从各个环节努力降低车辆运输成本。

第十二条 驾驶员必须以企业利益和信誉为重，规范自身言行，为公司树立良好形象。

第十三条 驾驶员于驾驶车辆前应对车辆进行基本检查，包括水箱、油量、机油、刹车油、电瓶、轮胎、外观等。如发现故障、配件失窃或损坏等现象，应立即报告，否则最后使用人要对由此引发的后果负责。

第十四条　驾驶员应将车辆停放于指定位置、停车场或适当的位置。

车辆保养与维修检查

第十五条　车辆保养应本着预防为主的原则，有计划地进行，按照车辆保养的规章制度，严格进行保养。

1. 初驶保养。

新车或大修车行驶1500公里后，按规定项目进行。

2. 例行保养。

每日出车前、行驶中、收车后按规定项目检查保养。

3. 定程保养。

（1）一级保养。车辆每行驶2000公里，按规定项目强制进行。

（2）二级保养。车辆每行驶2.5万公里，按规定项目强制进行。

（3）三级保养。车辆每行驶4.5万公里，按规定项目强制进行。

4. 换季保养。

为保证季节变化后，车辆能可靠有效地工作，每年入冬入夏，应实施换季保养，并按规定强制进行。

5. 停驶保养。

凡停驶封存车应定期进行清洁、除锈、防腐，检查发动机，并排除故障。尽量减少磨损，保持技术状况良好，以便随时启用。

第十六条　车辆的计划修理。

1. 车辆小修。

即排除车辆在使用中的临时性故障，更换损坏的零部件、组合件、仪表以及局部损伤作业应迅速修复，使车辆投入运转，要求修理时间均为3天。

2. 总成修理。

主要是基础和主要部件破裂磨损变形，需要全部分解，进行彻底修理，恢复其技术性能，应按车辆检验结果，填写车辆鉴定，排定修理计划，按修理工艺严格进行修复。

3. 车辆大修。

按照规定行驶里程12万~15万公里后，经运输部鉴定符合大修条件，按汽车大修进厂手续程序办理。

4. 车辆的各级保养与修理竣工接车后，应由送修部门填写车辆档案，交运输部存档。

5. 车辆的各级保养与修理计划，应按车辆检查结果和临时故障情况，由车辆主管负责制定和调整年、季、月、日保修计划。

6. 车辆进厂修理。

（1）车辆进厂修理的原则为本单位无力修理的大修、中修项目。

（2）进厂修理必须事先填报进厂修理申请单。经有关技术人员进行检验、鉴定，确认为修理项目后，由运输部批准方可送修。

（3）车辆进厂大修，应严格执行大修计划，需经仓储部经理、运输配送主管，财务部审批后方可执行。

（4）进厂修理记录，要按规定归档，以便保修期内出现问题时与厂家联系和日常的维护保养。

第十七条　车辆技术检验。

1. 技术检验工作由车辆技术安全专员负责。

2. 检验人员必须坚持原则，严格把握工艺技术标准。

3. 对运输车辆每月进行一次技术检验与鉴定，排出质量级别，每月进行部分车辆抽查。抽查率不得低于20%，检查结果记入车辆档案，并对检验出来的问题及时安排检修。

4. 车辆送厂大修完毕，经验收符合标准后，方可接车，并取回修理记录归档。

5. 车辆在本单位修理，采取承修人自检与专职检验相结合的方法，并填写修理记录。

6. 必须按规定进行车辆年度技术检验，合格后将验车单归档。

7. 燃气油料、汽车零件及辅料的入库，应由仓库保管员负责。

第十八条　安全检查。

1. 安全检查由车辆技术安全专员负责。

2. 车辆每日出车前和收车后，驾驶员应对车辆进行全面的安全检查。

3. 每月由车辆技术安全专员负责组织对全部车辆的安全检查。检查项目包括制动、转向、灯光及车上所有设备，并记录在案。

4. 对安全隐患，要及时采取措施予以消除，确保车辆的安全运转。

车辆技术经济定额管理

第十九条　经济定额规定。

1. 行车燃料消耗定额，是指车辆百公里所消耗燃料的定额，按各车型规定油耗定额。

2. 轮胎行驶里程定额，是指新轮胎从使用到报废的总行驶里程定额。轮胎行驶里程定额为国家年检合格标准。

3. 大修间隔里程定额为12万~15万公里。

4. 保养小修费用定额，按行驶公里，每公里按____元核算。

第二十条　经济定额指标设置。

1. 车辆完好率90%，完好率=完好车数÷实有车数

2. 车辆利用率95%，利用率=出勤车数÷实有车数

3. 行驶里程利用率60%，里程利用率=重驶公里÷总行驶公里

车辆调度管理

第二十一条　车辆调度安排，要坚持保证重点，兼顾一般的原则，要及时了解物料到货情况，对业务部门组织的重大展销活动，做到心中有数。

第二十二条　积极合理调度车辆，保证仓储部的重点物料、大宗货物的上下站，港口、机场、集散快件的到达发运。合理调配用车，不得推诿延误派车，不准甩派。否则，因此而造成的后果，由运输调度专员负责。

第二十三条　运输调度专员要切实掌握货流信息规律及动态，了解运输任务完成情况。定期到客户中间征求意见，不断改善运输管理，提高服

务质量。

第二十四条　派车要认真、仔细核对票据，向运输人员交代清楚。运输调度专员要准确计量、计程、合理收费。

第二十五条　货运任务下达后，对车辆及人员安排要做到心中有数。

1. 熟悉车站、机场、仓库的情况。

2. 了解各条运输路线的情况。

3. 了解车辆设备情况。

4. 掌握物料性质、规格尺寸情况，科学安排运输作业。

第二十六条　为增加经济效益，减少损耗和空驶，提高里程和车辆利用率，要选择最佳路线和合理的运输方式。

第二十七条　运输调度专员应对每天的运输任务完成情况进行逐笔验单，并记录汇总。日清月结，转物流中心统计员。

第二十八条　运输调度专员对每月完成的货运量、派车记录应按时填报表格，记录备案。

第二十九条　运输调度专员应与车队其他工作人员合作一致，密切配合，准确无误填报车辆运输公里情况，以便车队长和车辆技术安全专员及时对车辆进行维修、保养作业，确保车辆完好，能正常投入运营。

车辆安全管理

第三十条　贯彻“以防为主”的原则，建立健全安全管理体制及各种安全管理档案。

第三十一条　及时传达上级管理部门的文件和会议精神，结合车队的实际情况贯彻落实。

第三十二条　定期对驾驶员进行交通安全的宣传教育及各种规章制度的考核。

第三十三条　定期对运输工作进行总结，抓好典型，奖优罚劣。

第三十四条　定期进行车辆检查，使车辆经常保持良好的技术状态。长途运输，必须严格检验车辆，按规定执行长途运输任务。

第三十五条　严格执行装卸操作规程，确保人员、车辆及货物的安全。

第三十六条　在运输过程中要随时检查载运的货物，发现异常及时采取措施。做到防雨、防火、防盗、防颠、防撞，保证货物完好无损地到达目的地。

第三十七条　严格执行运输纪律，在长途运输中，不得非法运输其他货物。

第三十八条　对事故本着三不放过的原则。

1. 事故责任不清不放过。

2. 事故分析不清不放过。

3. 责任人和群众没有受到教育不放过。

第三十九条　载物运输要按规定时速行驶，禁止运送国家规定的禁运品。

第四十条　运输长、大、笨、重、超高、超宽货物需提前办理各种证件。需夜间运行要及时向主管汇报，确保行车安全。

违规与事故处理

第四十一条　未经允许将车辆借给他人使用，如违反交通规则或发生事故，由驾驶人承担责任，并予以记过或辞退处分。

第四十二条　违反交通规则，其罚款由驾驶员负担。

第四十三条　如在运输途中遇不可抗拒的事故，应当急救伤患人员，向附近相关机关报案，并立即通知管理部及主管联合协助处理。如属于小事故，可自行处理后向运输配送主管报告。

第四十四条　意外事故造成车辆损坏，在扣除保险金额后视实际情况由驾驶人与公司共同负担。

第四十五条　发生交通事故后，如需向受害当事人赔偿损失，经扣除保险金额后，其差额由驾驶员与公司共同负担。

附则

第四十六条　本制度由仓储部制定，并经总经理办公会审议通过，由仓储部负责制度的修改及解释。

第四十七条　本制度自颁布之日起执行。

3.30 物料运输管理制度描述

物料运输管理制度

总则

第一条　目的。

为了加强物料的运输管理，实现物料运输“安全、及时、准确、经济”的目标，综合企业相关管理规定，特制定本制度。

第二条　物料运输管理范围。

1. 物料下站运输。

2. 物料上站运输。

3. 物料移库运输。

4. 物料入库运输。

5. 物料上门运输。

第三条　物料运输的任务。

1. 按照客户或业务部门的要求，安排物料的运输、提货、验货、交接、查询和索赔等工作。

2. 合理安排使用物料运输工具，建立健全各项管理制度描述。

提货作业管理

第四条　运输调度专员接到货运通知和登记时，要验明各种运输单据，及时安排接货。

第五条　运输调度专员按物料要求、规格、数量填写运输派车单，并交运输人员。

第六条　运输人员领取任务后，需认真核对各种运输单据，包括发票、装箱单、提货单、检验证等，并问明情况办理提货。

第七条　提货。

1. 运输人员提货时，首先按运输单据查对箱号和货号，然后对封袋、苫盖、铅封进行认真检查，确认无误后，由运输人员集体拆箱并对物料进行检验。

2. 提取零担物料时需严格检查包装质量，对开裂、破损包装内的物料要逐件点验。

3. 提取特殊贵重物料要逐个检验，注意易燃、易碎物料有无异响和破损痕迹。

4. 提货时应做好与货运员现场交接和验收。

5. 对包装异常等情况，要做出标记，单独堆放。

6. 在提货过程中发现货损、货差、水渍、油渍等问题要分清责任，并向责任方索要“货运记录”或“普遍记录”，以便办理索赔。

第八条　装运。

1. 运输人员在确保票实无误，或对出现的问题处理后，方可装车。

2. 装车要求严格按物料性质、要求，以及堆码层数的规定，平稳装车码放，做到标识正确、箭头向上，大不压小，重不压轻，固不压液，易碎品单放，散破包装在内，完好包装在外，苫垫严密，捆扎牢固等。

物料运输、卸货与交接

第九条　运输人员必须按规定地点卸货。如货运方有其他要求需向调度员说明，以便重新安排调整。

第十条　卸货时按要求堆放整齐，方便点验。

第十一条　定位卸货要轻拿轻放，根据物料性质和技术要求作业。

第十二条　交货时，运输人员按货票向接货员一票一货交代清楚，并由接货员签字，加盖货已收讫章。

第十三条　货物移交后，由接货员在临时入库通知单或入库票上签字、盖章，交给仓储部。

第十四条　若运输货物移交有误，要及时与有关部门联系。

第十五条　运输任务完成后，运输人员需在派车单上注明物料情况，连同铅封交收货单位。

物料运输过程管理

第十六条　业务部进行货物运输，必须提前1～2天以工作联系单的形式通知运输调度专员。

第十七条　长途运输（800公里以上），原则上安排两位驾驶员，以确保运输安全。

第十八条　如为单程运输，业务部需联系相关运输事宜，有关收费标准等相应事项另行规定。

第十九条　每次运输后，必须由车辆调度人员登记里程及各项费用。

第二十条　当公司运输车辆不够时，可以租用社会车辆，但必须严格按协议条款办理，做到安全、准时，保证货物质量和费用合理。

第二十一条　所有运输发票，必须经公司仓储部经理和运输配送主管签字方可报销。

运单的传递与统计

第二十二条　传递运输单据要按传递程序进行，做到统计数字准确、报表及时。

第二十三条　运输调度专员要认真核对汽车运输单据，发现差错、遗漏和丢失要及时更正、补填，并按规定时间交统计员。

第二十四条　统计员根据运输单据做好各项经济指标的统计、造册、上报与存档工作。

附则

第二十五条　本制度由仓储部负责制定、修改及解释。

第二十六条　本制度自××××年××月××日起实施。

3.31 特殊物料运输制度描述

特殊物料运输制度

特殊物料的范围

第一条 本制度所指特殊物料包括贵重品及危险品。

第二条 贵重及危险物料的范围。

1. 贵重物料的范围。

（1）黄金饰品、玉制品、玻璃器皿。

（2）精密仪器、电脑、高档家用电器。

（3）摄像、照相器材。

（4）工艺制品、钟表。

（5）皮毛制品。

（6）珍贵食品、补品、药材。

2. 危险物料的范围。

（1）食品类：烟、酒、茶等。

（2）百货类：打火机、丁烷气、杀虫剂、樟脑粉等。

（3）化妆类：摩丝、发胶、香水、指甲油等。

特殊物料的运输

第三条 贵重品的运输要求。

1. 双方需认真查验货物及运输现场条件，确定合理运输方案。

2. 运输时应选派机械性能好的车辆和驾驶技术好的司机，并指派作风正派、工作认真负责的人专门押运。

3. 设专人采取有效措施保护、监装、监卸。

4. 及时办理保险业务，出现问题及时通知有关部门，报告上级领导，并妥善解决。

5. 运输中不准停车。如遇特殊情况必须停车时，押运及保安人员应采取保护、监护措施，做好停车地点、时间、原因等情况记录。

第四条 危险品运输要求。

1. 指派专车专人押运，严禁混装运输。

2. 押运员要掌握物料的危险性能，严格按操作规程作业，杜绝野蛮装卸。

3. 运输中需停车时，严禁吸烟或靠近高温明火场所。

4. 货物未交清楚时，押运员不得离开现场。

5. 凡因违反运输要求而造成物料损失的，应按有关规定追究当事人的责任。

3.32 货物装卸搬运制度描述

货物装卸搬运制度

搬运应遵循的原则

第一条 尽量减少搬运次数。搬运设计应尽量合理，如无必要，尽量不要搬运。

第二条 提高搬运的灵活性。物品无论是存放在仓库还是配货区都属于待运物品，因此应使之处在易于移动的状态，这样有利于搬运。

第三条 利用重力。利用重力可以减轻人力、物力的消耗，有利于节约能源。

第四条 机械化作业。如果企业条件允许，应尽可能采用机械化搬运，可以把作业人员从重体力劳动中解放出来，并提高生产劳动率，如使用叉车、液压车等。

第五条 力求使流程不受阻滞。

第六条 单元货载。将一定数量的货物集中并用托盘和集装箱盛放，搭建利于机械搬运、运输、存储的单元货载系统。

一般货物搬运

第七条　货物的种类和标识不能因搬运而使货物混乱不清。

第八条　在搬运货物前，应估计货物的重量和大小，太大太重不便于人力搬运时，最好采用其他方式搬运。

第九条　搬运货物前，最好采取保护措施，如穿戴手套、口罩、工作服、安全帽等。

第十条　搬运货物时，应先检查货物是否有钉，以及各部件是否有松动现象，以免造成损伤。

第十一条　搬运时应紧握货物，不可只用手指抓住货物，以免货物滑脱。脚步要稳，小心行走，以防滑倒或绊倒。

第十二条　放置货物时，要小心轻放，不能猛撞，以防损坏货物。

第十三条　有标识方法的货物，要按标识方法放置，同时，要将货物的物料标签向外，便于读数和识别。

危险物品搬运

第十四条　搬运前，安全管理部应根据装卸危险物品的性质和作业环境，制定安全防护措施，向仓储部下达安全注意事项通知书，在安全措施没有落实的情况下，不得安排搬运作业。

第十五条　危险物品装卸前，应对车、船进行必要的通风和清扫。装卸后不得留有残渣，对装有剧毒物品的车、船，装卸后必须洗刷干净。

第十六条　装卸危险物品时必须由经过培训的装卸班组和装卸专员承担，作业部门必须按装卸安全注意事项通知书中的要求做好安全防护工作，备足有效的防护用具，禁止违章作业。

第十七条　危险物品应按装运危险物品的性质佩戴相应的防护用具，装卸时必须轻装轻卸，防止撞击、重压、拖拉和倾倒，不得损毁包装容器，并注意标志，正确稳妥堆放。

第十八条　严禁包装破漏的货物装船、装车，配送人员要认真把关。

第十九条 装运爆炸、剧毒、放射性、易燃液体、可燃气体等物品，必须使用符合安全要求的运输工具。禁止用电瓶车、翻斗车、自行车等运输爆炸物品，禁止用叉车、铲车搬运易燃、易爆、液化气体等危险物品。

第二十条 化学性质、防护或灭火方法相互抵触的化学危险物品，不得违反配装限制和混合装运。

第二十一条 装卸毒害品、放射性物品的工具和防护用具应专具专用，凡是装卸危险物品用过的工具，作业完毕后要清洗，并妥善保管。

装卸设备的使用

第二十二条 需用叉车等装卸工具搬运的产品，在运输前必须将产品合理叠放在卡板上，外包装上有特别标识的产品，必须按标识要求叠放。

第二十三条 装卸人员应根据物料箱的大小、重量，选择合适的卡板叠放货物，并将物料运送到指定的存放仓库。

第二十四条 铲车或叉车在对产品进行运输作业前，为防止产品途中跌落，必须用绑带固定好。

第二十五条 使用铲车或叉车运输作业时，应采用中速步伐行进，当转弯或遇路面有变化以及进出电梯时，应预先减速，在整个装卸作业过程中，应做到轻拿、轻放，严禁野蛮装卸。

第二十六条 对每辆车最后一排所装的产品，产品的重心应摆向车头方向，并在车厢加防护拉杆或防护带，以防车辆在开、关门时，产品从车上跌落。

第二十七条 使用叉车搬运的人员，禁止站在叉车上滑行，使用铲车的作业人员，必须持有效的上岗合格证方可操作铲车。

危险物品码头装卸

第二十八条 实施装卸作业，应严格按公司码头营运管理规章执行。

第二十九条 停靠码头的装有化学物品的船只，应以绳索系绑于码头专用设备上，同时在船上及陆上的系绑点附近应准备斧头等工具，以便随时能够切断绳索。

第三十条　停靠码头的装有化学物品的船只，白天应挂红旗，晚上应亮红色警示灯，以表明此为装卸危险物品的船只。

第三十一条　装有化学物品的船只到达前，装卸专员应依装卸货物的种类、数量，决定应装进的储槽、输送管线及装卸程序。

第三十二条　船只停靠码头后，应布置防溢油扩散用的拦油索。

第三十三条　装卸作业前应先获得相关部门的核准，并完成本批货物的质量检验及留样等工作后，方可进行装卸作业。

第三十四条　装卸前码头负责人应检查确认船只和岸上的机械设备、输送管道、装卸软管、压力计、阀门等设备是否均处于安全、适用的状态。

第三十五条　船只和岸上的人员应按机器设备实施执行标准操作，双方均不得操作对方的设备。

第三十六条　装卸作业前，须在适当位置配置足量的符合使用要求的灭火器材，再放置好防静电用的船岸接地线和防泄漏用的器材设施。

第三十七条　装卸作业前，应明确储罐的位置、输送管线的走向、相关阀门的开关状态，以及接通船只和岸上的装卸软管的连接等是否牢固。

第三十八条　开泵前应通知控制室主管人员做好监控作业准备，对油槽液位的变化应做好相关记录等。

第三十九条　开泵初期将泵送压力设定在 $1kg/cm^2$ 以下，在全部输送管线、阀门安全无误后，方可提升泵送压力，但最高不得超过 $10kg/cm^2$。

第四十条　装卸作业时应做好警戒标志：白天悬挂红旗，晚上亮红色警示灯和照明灯。

第四十一条　装卸作业期间，操作人员应定时记录相关数据和检查结果。

第四十二条　在装卸作业期间，若需要调整码头上装卸软管位置，应与船上人员保持联系，并在可能发生或发生状况时采取紧急措施。

第四十三条　装卸作业完成后，应立即进行以下几项工作。

1. 梳理船上管线、装卸软管及岸上管线；

2. 发货作业时丈量船舱液位，计算数量，取样确认；

3. 卸货作业后的干舱确认，并签发“干舱证明”；

4. 管端的盲封、装卸软管的整理、设施器材的整理、场地的清理等工作；

5. 丈量装卸储罐的液位及计算数量；

6. 比较装卸货数量与提单数量，若误差太大必须立即调查，并通知上级。

第四十四条 码头作业人员应严格按码头营运作业的各项规章进行操作，切实履行职责，确保顺利完成码头装卸作业任务。

3.33 叉车驾驶管理制度描述

叉车驾驶管理制度

司机

第一条 操作叉车的司机必须经过正式培训，并获得特种作业资格证。未经正式培训的人员不得操作叉车。

第二条 司机在每天开车前，应检查叉车的各部分，包括所有控制器、车制、车轮、警号及其他活动部分，若发现任何毛病或损坏，应立即停止使用并向有关单位报告，以便尽早安排修理。

操作

第三条 驾驶员要了解叉车的载重能力，切勿超载，行车时要保持叉车平衡。

第四条 作业时货物要平稳、牢固、分布均匀，铲运高大、贵重、易损货物时要捆牢，切勿运载松散或不正确堆放的货物。

第五条 叉车应装有背架及护栏，以防止货物由高处落向驾驶员。

第六条　行驶中应做到以下事项。

1. 开车前，应看清楚四周情况，行车时要视环境保持适当车速，一般不得超过15公里/小时。

2. 行车时，叉子要尽量贴近地面，起重门架要后倾。

3. 避免急起动、急刹车和高速转向。

4. 行车时，要集中精神，不东张西望，要经常留意头顶的障碍物。

5. 铲运影响视线的货物，应低速行驶。

第七条　作业中应遵守“八不准”。

1. 不准用货叉挑翻货盘的方法卸货。

2. 不准将货物升高，进行长距离行驶。

3. 不准用单货叉作业。

4. 不准用货叉直接铲运危险物品。

5. 不准用惯性取货。

6. 不准用惯性溜放圆形或易滚货物。

7. 不准在岸边直接铲运船上的货物。

8. 叉车的叉子不能作升降工作台使用，不准在货盘或货叉上带人作业，货叉举起后，货叉下严禁站人。

叉车停放、检查和保养

第八条　驾驶员工作完毕后，应对机械进行检查、整理、清洁。

第九条　叉车未作业时，应停放在指定地点，叉臂放至地面。

第十条　停车离开前，应将叉子降下，拉下手刹并拔掉车匙。

第十一条　每日完工后，应再检查叉车情况。

第十二条　驾驶员必须严格按照例行保养规定对车辆进行检查保养。

3.34 道路危险货物运输管理规定描述

道路危险货物运输管理规定

第一章　总则

第一条　为加强道路危险货物运输管理，保障运输安全，特制定本规定。

第二条　凡在中华人民共和国境内从事道路危险货物运输（含搬运装卸、运输服务）的单位和个人，均应遵守本规定。

第三条　道路危险货物运输技术规范，按交通部标准 JT3130《汽车危险货物运输规则》和国家标准 GB13392《道路运输危险货物车辆标志》执行；危险货物品名分类以交通部颁发的《汽车运输危险货物品名表》为准。

第四条　各级交通主管部门负责本规定及有关技术规定的组织实施。

第二章　运输基本条件

第五条　凡从事道路危险货物运输的单位，必须拥有能保证安全运输危险货物的相应设施设备。

第六条　从事营业性道路危险货物运输的单位，必须具有十辆以上专用车辆的经营规模，五年以上从事运输经营的管理经验，配有相应的专业技术管理人员，并已建立健全安全操作规程、岗位责任制、车辆设备保养维修和安全质量教育等规章制度。

第七条　直接从事道路危险货物运输、装卸、维修作业和业务管理人员，必须掌握危险货物运输的有关知识，经当地地（市）级以上道路运政管理机关考核合格，发给《道路危险货物运输操作证》，方可上岗作业。

第八条　运输危险货物的车辆、容器、装卸机构及工具，必须符合交通部 JT3130《汽车危险货物运输规则》规定的条件，经道路运政管理机关审验合格。

第三章　申请与审批

第九条　非营业性运输单位需从事道路危险货物运输，必须事前向当地道路运政管理机关提出书面申请，经审查，符合本规定运输基本条件的报地（市）级运政管理机关批准，发给《道路危险货物非营业运输证》，方可进行运输作业。

从事一次性道路危险货物运输，须报经县级道路运政管理机关审查核准，发给《道路危险货物临时运输证》方可进行运输作业。

第十条　凡申请从事营业性道路危险货物运输的单位，及已取得营业性道路运输经营资格需增加危险货物运输经营项目的单位，均须按规定向当地县级道路运政管理机关提出书面申请，经地（市）级道路运政管理机关审核，符合本规定基本条件的，发给加盖道路危险货物运输专用章的《道路运输经营许可证》和《道路运输营运证》，方可经营道路危险货物运输。

第四章　运输管理

第十一条　危险货物托运人在办理托运时必须做到：

1. 必须向已取得道路危险货物运输经营资格的运输单位办理托运；

2. 必须在托运单上填写危险货物品名、规格、件重、件数、包装方法、起运日期、收发货人详细地址及运输过程中注意事项；

3. 货物性质或灭火方法相抵触的危险货物，必须分别托运；

4. 对有特殊要求或凭证运输的危险货物，必须附有相关单证，并在托运单备注栏内注明；

5. 托运未列入《汽车运输危险货物品名表》的危险货物新品种，必须提交《危险货物鉴定表》。

凡未按以上规定办理危险货物运输托运，由此发生运输事故，由托运人承担全部责任。

第十二条　危险货物承运人在受理托运和承运时必须做到：

1. 根据托运人填写的托运单和提供的有关资料，予以查对核实，必要时应组织承托双方到货物现场和运输线路进行实地勘察，其费用由托运人负担；

2. 承运爆炸品、剧毒品、放射性物品及需控温的有机过氧化物、使用受压容器罐（槽）运输烈性危险品，以及危险货物月运量超过100吨，均应于起运前十天，向当地道路运政管理机关报送危险货物运输计划，包括货物品名、数量、运输线路、运输日期等。

3. 在装运危险货物时，要按《汽车危险货物运输规则》规定的包装要求，进行严格检查。凡不符合规定要求，不得装运。危险货物性质或灭火方法相抵触的货物严禁混装。

4. 运输危险货物的车辆严禁搭乘无关人员，运行中司乘人员严禁吸烟，停车时不准近明火和高温场所。

5. 运输结束后：必须清扫车辆，消除污染，其费用由货主负担。

未按以上规定受理托运和承运，由此发生运输事故，由承运人承担全部责任。

第十三条　凡装运危险货物的车辆，必须按国家标准GB13392《道路运输危险货物车辆标志》悬挂规定的标志和标志灯。

第十四条　全挂汽车列车、拖拉机、三轮机动车、非机动车（含畜力车）和摩托车不准装运爆炸品、一级氧化剂、有机易燃物品；自卸车辆不准装运二级固体危险货物（指散装硫黄、萘饼、粗蒽、煤焦沥青等）之外的危险货物。未经道路运政管理机关检验合格的常压容器，不得装运危险货物。

第十五条　营业性危险货物运输必须使用交通部统一规定的运输单证和票据，并加盖危险货物运输专用章。

第十六条　凡运输危险货物的单位，必须按月向当地道路运政管理机关报送危险货物运输统计报表。

第十七条　专门从事危险货物运输的单位，要加强基础设施建设，逐步设置危险货物专用停车场及专用仓库，向专业化、专用化方面发展。

第五章　维修管理

第十八条　凡从事危险货物运输车辆维修、改装的单位，必须配备防爆、去污清洗等设备，划定专用修理车库，经道路运政管理机关审查批准，在技术合格证上加盖危险货物运输车辆维修专用章，方能从事维修、改装作业。

第十九条　运用明火维修装运过易燃、易爆危险货物的罐（槽）车，要执行“动火”审批制度，作业前必须车辆进行测爆和安全处理。

第六章　事故处理

第二十条　在运输危险货物的过程中，发生燃烧、爆炸、污染、中毒等事故，驾乘人员必须根据承运危险货物的性质，按规定要求，采取相应的救急措施，防止事态扩大；并应及时向当地道路运政机关和有关部门报告，共同采取措施，消除危害。

第二十一条　发生重大危险货物运输事故时，当地道路运政管理机关应及时赶赴现场，协助有关部门组织抢救，并做好现场记录，按有关规定进行处理。

第二十二条　凡发生人身伤亡或重大经济损失的危险货物运输事故，当地道路运政管理机关应在三天内将事故情况报告上级机关，并在三十天内提出处理意见，报告上级交通主管部门，通知车籍所在地道路运政管理机关。

第七章　监督检查

第二十三条　各级道路运政管理机关应依照本规定，加强对道路危险货物运输的监督检查。凡从事道路危险货物运输的单位和人员，必须接受道路运政管理机关的监督检查。

第二十四条　道路运政管理机关应按本规定和有关技术规范，对道路危险货物运输单位的运输条件、安全管理、专用防护设备、运输单证、运输质量和技术业务规范等，进行定期或不定期检查，发现隐患应及时消除。

第二十五条　各级道路运政管理机关在检查中发现违章行为，应做好现场记录，经被检查人签认，作为处理违章的依据，按照交通部《道路运输违章处罚规定》（试行）处理。

第八章　附　则

第二十六条　本规定由中华人民共和国交通部负责解释。

第二十七条　本规定自一九九四年三月一日起施行。

第4章

物流工作日常用表图例

4.1 到货交接单（表4-1）

表4-1　到货交接单

编号：　　　　　　　　　　　　　　　　　　　　　　日期：　年　月　日

收货人	发站	发货人	货物名称	标志标记	单位	件数	重量	货物存放处	车号	运单号	提料单号

提货人：　　　　　　　　　　经办人：　　　　　　　　　　接收人：

4.2 原材料验收单（表4-2）

表4-2　原材料验收单

编号：　　　　　　　　　　订购单编号：　　　　日期：　年　月　日

进料时间	物料编号	厂商名称	订购数	交货数
订单编号	发票规格	品名/规格	点收数	实收数
检验项目	检验规格	检验状况	数量	
允收水准值		严重	一般	轻微
检验数量	不良数	不良率	判定	
			□允收 □拒收 □特采 □全检	
质量经理	仓储经理	验收主管	验收专员	备注

4.3 零配件验收单（表4－3）

表4－3 零配件验收单

编号： 填写日期： 年 月 日

采购单号			零件名称								编号		
供应商								数量					
验收项目	标准	抽样结果记录											备注
		1	2	3	4	5	6	7	8	9	10	11	12	
1														
2														
3														
…														
验收结果	□及格 □不及格 □其他							审核			验收专员		

4.4 货物验收单（表4－4）

表4－4 货物验收单

订购单编号： 编号： 填写日期： 年 月 日

编号	名称	订购数量	规格符合		单位	实收数量	单价	总价
			是	否				

是否分批交货	□是 □否	会计科目		厂商供应		合计	
检查方式	抽样%不良	验收结果		检查主管		检查员	
	全数个不良						

总经理	财务部		仓储部		采购部	
	财务主管	核算员	仓储主管	验收专员	采购主管	制单员

4.5 材料验收报告表（表4－5）

表4－5 材料验收报告表

编号： 填写日期： 年 月 日

材料名称		材料规格		材料数量			
采购单位		采购日期		验收专员			
验收记录	检验项目	检验标准	检验结果	不良数	是否合格	备注	总评
							□合格 □不合格
							《不合格通知单》的编号
总经理				验收主管			
质量经理				验收专员			
仓库验收记录			验收数量	□足额 □溢交 □短缺			

4.6 商品验收报告单（表4－6）

表4－6 商品验收报告单

编号： 日期： 年 月 日

订单号码		商品编号					厂商编号			点收日期		
借方科目		贷方科目					入库单位		需求期	交期		
件号	品名规格	厂牌	单位	收货数	实收数	单价	金额	拒收数	拒收数现状	本订单未交量	再交	不交
合计								打卡（1） （2）				
金额： 佰 拾 万 仟 佰 拾 元整								发票号码				
使用单位		用途										
备注			货物验收主管					验收专员				

审核： 审批： 制单：

4.7 入库验收报告单（表4－7）

表4－7 入库验收报告单

编号： 填写日期：

<table>
<tr><td>入库名称</td><td colspan="3"></td><td colspan="2">数量</td><td colspan="2"></td></tr>
<tr><td>验收部门</td><td colspan="3"></td><td colspan="2">验收人员</td><td colspan="2"></td></tr>
<tr><td>验收记录</td><td colspan="3"></td><td colspan="2">验收结果</td><td colspan="2">□合格 □不合格</td></tr>
<tr><td rowspan="2">入库记录</td><td>入库单位</td><td colspan="2"></td><td colspan="2">入库部门</td><td colspan="2"></td></tr>
<tr><td>主管经办</td><td></td><td>验收主管</td><td></td><td>验收专员</td><td colspan="2"></td></tr>
</table>

4.8 验收日报表（表4－8）

表4－8 验收日报表

检验主管： 制表人： 编 号： 日期： 年 月 日

<table>
<tr><td colspan="13">国外来料</td></tr>
<tr><td rowspan="2">序号</td><td rowspan="2">品名</td><td rowspan="2">规格
材料编号</td><td rowspan="2">数量</td><td rowspan="2">供应商</td><td colspan="2">检验方式</td><td rowspan="2">不合格</td><td rowspan="2">不良数</td><td rowspan="2">主要不良表现</td><td colspan="3">处置</td></tr>
<tr><td>全检</td><td>抽检</td><td>允收</td><td>拒收</td><td>选别</td></tr>
<tr><td></td><td></td><td></td><td></td><td></td><td></td><td></td><td></td><td></td><td></td><td></td><td></td><td></td></tr>
<tr><td></td><td></td><td></td><td></td><td></td><td></td><td></td><td></td><td></td><td></td><td></td><td></td><td></td></tr>
<tr><td></td><td></td><td></td><td></td><td></td><td></td><td></td><td></td><td></td><td></td><td></td><td></td><td></td></tr>
<tr><td colspan="13">国内来料</td></tr>
<tr><td rowspan="2">序号</td><td rowspan="2">品名</td><td rowspan="2">规格
材料编号</td><td rowspan="2">数量</td><td rowspan="2">供应商</td><td colspan="2">检验方式</td><td rowspan="2">不合格</td><td rowspan="2">不良数</td><td rowspan="2">主要不良表现</td><td colspan="3">处置</td></tr>
<tr><td>全检</td><td>抽检</td><td>允收</td><td>拒收</td><td>选别</td></tr>
<tr><td></td><td></td><td></td><td></td><td></td><td></td><td></td><td></td><td></td><td></td><td></td><td></td><td></td></tr>
<tr><td></td><td></td><td></td><td></td><td></td><td></td><td></td><td></td><td></td><td></td><td></td><td></td><td></td></tr>
<tr><td></td><td></td><td></td><td></td><td></td><td></td><td></td><td></td><td></td><td></td><td></td><td></td><td></td></tr>
<tr><td colspan="2">备注</td><td colspan="11"></td></tr>
</table>

4.9 验收月报表（表4－9）

表4－9 验收月报表

编号：　　　　　　　　　　　　　　　　　　填表日期：　年　月　日

进料验收报告汇总				
序号	供应商	检查批次	不合格批次	不良率
1				
2				
3				
…				

异常报表汇总

物料异常报告编号	材料编号	品名/规格	批量	不良率	不良原因	供应商	处理结果

审核：　　　　　　　　　　审批：　　　　　　　　日期：　年　月　日

4.10 领料单（一）（表4－10）

表4－10 领料单（一）

领用单位：

日期：　年　月　日　　　　　　　　　　　　发料日期：　年　月　日

制造号码：　　　　　　　　　　　　　　　　　　　　　领料单号：

材料名称	规格	色 纹	单位	领料数量	实发数量	备 注
备注用途						

登卡：　　　　　　　　　　组长：　　　　　　　　　　领料人：

4.11 领料单（二）（表4－11）

表4－11 领料单（二）

领用单位：　　　　　　　　　　　　　　　　年　　月　　日

原（材）料名称	规格	数量	单位	用途说明

部长：　　　　　　　　组长：　　　　　　　　班长：

4.12 领料单（三）（表4－12）

表4－12 领料单（三）

年　　月　　日

工作单号	材料编号	材料名称	规 格	计划领用数量	实发数量	单 价	总 价

仓库主管：　　　　发料：　　　　核准：　　　　领料：

4.13 领料单（四）（表4－13）

表4－13 领料单（四）

计划用材料名称	材料编号		领料单号	
	说明	日期	数量	单位
用途或制造单号	计划领用			
		实发材料		
领料说明 未超领料 材料废品过多超用 次品过多超用	发料记录□如数发给□欠拨 □欠拨后已补足			

会计： 仓库： 主管： 领用人：

4.14 领退料单（一）（表4－14）

表4－14 领退料单（一）

制造批号： 领/退部门

领/退日期： 年 月 日 领/退单号

领料	退料	品名	规格	材料编号	领/退数量	收/发数量	备 注
退料用途及说明							

登账： 仓储： 主管： 领退人：

4.15 领退料单（二）（表4－15）

表4－15 领退料单（二）

领料： 退料：

欠拨领料： 编号：

制造号码		领/退单位		材料类别	□原料 □材料 □包装 □其他		
材料名称	规格	材料编号	领退数量	实际领用	实际退料	记录	
						已足	欠拨数量
用途说明	退料原因： □品质不良 □剩余 □制造取消						

4.16 退料单（一）（表4－16）

表4－16 退料单（一）

编号： 日期： 年 月 日

材料名称		物料编号	
材料重量（数量）		规格	
实收数量		退回数量	
退料原因			
备注			
验收主管		验收专员	
采购主管		采购专员	

审批： 审核： 填表人：

4.17 退料单（二）（表4－17）

表4－17　退料单（二）

退料部门：　　　　　　　　　　　　　　　　编号：
原领料批号：　　　　　　　　　　　　　　　日期：　年　月　日

退料名称	材料编号	退料量	实收量	退料原因					
				溢领	省料	不适用	品质差	订单取消	其他
备注									

登账：　　　　　　点收：　　　　主管：　　　　退料人：

4.18 退料月统计表（表4－18）

表4－18　退料月统计表

编号：　　　　　　　　　　　　　　　　日期：　年　月　日

品名	规格	材料编号	退回数量	实收数量	单价	金额	原料价格	退料原因

4.19 物料拒收月统计表（表4－19）

表4－19　物料拒收月统计表

月份：　　　　　　　　　　　　　　　　　　　　　　　日期：　年　月　日

序号	交货单编号	材料名称	材料编号	数量	供应商	供应商编号	交货日	不良内容	处理方法
1									
2									
3									
…									
合计									

主管：　　　　　　　　　　　　　制表：

4.20 物资验收单汇总表（表4－20）

表4－20　物资验收单汇总表

编号：　　　　　　　　　　　　　　　　　　　　　　　日期：　年　月　日

序号	验收单名称	编号	物资类别				张数	其他相关单据名称	编号	张数
			原材料	辅料	零配件	设备				
1										
2										
3										
…										
总计								总计		
备注										

4.21 入库验收工作考核表（表4－21）

表4－21　入库验收工作考核表

绩效考核人员名单			
被考核人员			
考核地点		考核时间	
考核项目	考核内容	分值	实际得分
验收前准备工作	熟悉入库物资、文件单证准备齐全	15	
	仓库库场的安排恰当	10	
	货位准备和安排合理、恰当	10	
	验收工具和苫垫材料准备齐全、到位	10	
	单据填写正确、规范	15	
绩效考核人员名单			
验收工作	验收前准备充分，与各部门配合好	10	
	检验内容全面	15	
	对发生的问题处理恰当、到位	15	
合计		100	

备注：考核满分为100分，60～70分为及格，71～80分为中，81～90分为良好，91分以上为优秀。

4.22 物料编号资料表（表4－22）

表4－22　物料编号资料表

编号：　　　　　　　　　　　　　　　　　　　　　　　　页次：

物料编号	类别	名称	规格	用途		单价	供应商	代用件编号
				专	共			

4.23 物品入库日报表（表4－23）

表4－23 物品入库日报表

编号：　　　　　　　　　　　　　　　　　　入库日期：　　年　月　日

物品检验人			物品入库记录人			
物品名称	生产厂家	规格	入库数量	单价	总金额	仓库位置

相关负责人签字确认：

日期：　　年　　月　　日

4.24 物料入库日报表（表4－24）

表4－24 物料入库日报表

编号：　　　　　　　　　　　　　　　　　　入库日期：　　年　月　日

物料采购人		检验员			入库记录人		
物料编号	入库单编号	检验单编号	数量	储位	进料方	订单编号	备注

审核：

4.25 进货日报表（表4－25）

表4－25　进货日报表

年　　月　　日

供应商编号	供应商	日计		月计			余额		
		进货净额	收支金额	进货金额	进货退货折让金额	净进货金额	余购金额	未结清票据余额	总债务余额

4.26 进货退回单（表4－26）

表4－26　进货退回单

编号：

厂商名称				厂商编号				制单日期		年月日
项次	件号	商标规格	数量	单位	单价	处理代号	补交日期			扣提金额
							年	月	日	

退回原因：

备注：

采购　　　　　　保管

注：本单一式五联：第一联“单购联”存管→采购；第二联“厂商提料”存管→采购→厂商；第三联“会计联”存管→采购→管理→会计；第四联“扣提凭证”存管→采购→管理→会计→厂商；第五联：“存管联”。（存管：指的是存货管理部门）

4.27 入库通知表（表4－27）

表4－27 入库通知表

通知日期： 年 月 日

日期	到货日期		供货单位		收货人	
	入库日期		合同单号		储位	
	验收日期		运单号		入库单号	

物料入库详细信息

物料编号	物料名称	计量单位	数量						价格		说明
			交货	多交	短交	退货	实收	质量	购入	基本	

4.28 入库工作考核表（表4－28）

表4－28 入库工作考核表

绩效考核人员名单			
被考核人员			
考核地点		考核时间	
考核项目	考核内容	分值	实际得分
入库作业	凭证审核认真	15	
	登账规范、正确	10	
	立卡标识填写、码放正确	10	
	建档内容全面、整洁、编号有序、装订完好	10	
	签单准确、无误	10	

续表

堆码作业	能根据不同的物资选择合适的堆码方式	15	
	能说出每种堆码方式的优缺点及适用范围	15	
	正确堆码	15	
合计		100	

备注：考核满分为100分，60~70分为及格，71~80分为中，81~90分为良好，91分以上为优秀。

4.29 零件表（一）（表4-29）

表4-29 零件表（一）

日期： 第 页

组件名称： 组件编号：

	零件编号	零件名称	规格	单价	标准用量	供应商	备注
1							
2							
3							
…							

审核： 填表：

4.30 零件表（二）（表4-30）

表4-30 零件表（二）

日期： 第 页

产品名称： 填表者： 审核者：

项目	件号	零件名称	规格尺寸	材质	单价	数量	经济产量	自制或外购	备注

4.31 入库单（表4－31）

表4－31 入库单

供货单位： 收货单位：

库别： 年 月 日

种类	规格	等级	品名	单位	数量	单价	金额	包装数	件数

验收单位（盖章）： 复核（盖章）：

记账员（盖章）： 制单（盖章）：

4.32 收料单（表4－32）

表4－32 收料单

收料日	工程编号	本单编号		请购部门		订制单编号	
年 月 日							
会计科目	品名规格	项次	材料编号	单位	量数	单价	金额
备注			点收	检验		经办部门	
						主管	经办

4.33 送货日报表（表4－33）

表4－33　送货日报表

送货者姓名：　　　　　　　　　　　　　　　　　　年　　月　　日

	行程	配送数量	交货金额	现收金额	配送总金额	现金		收款计	收款率	出发时间	回公司时间	行程时间	出发前公里数	回公司公里数	行里程数	耗油量
						现金	余账收款									
上午																
下午																

报告事项（客户反应）

1. 对本公司的意见　　　　2. 商品方面

3. 单价方面　　　　　　　4. 对于售货的要求

5. 其他

4.34 退料缴库单（表4－34）

表4－34　退料缴库单

退料单位：　　　　　　　　　　退料日期：　　　　　　　　年　月　日

制造号码：　　　　　　　　　　　　　　　　　　　　　　缴库单编号：

材料名称	规格	单位	数量	退库详细原因

仓库收料人：　　　　　　　　　部长：　　　　　　　　　退料人：

4.35 外协加工料品盘点表（表4－35）

表4－35　外协加工料品盘点表

经管部门：

编号：　　　　　　　　　　　　外协厂商：　　　　日期：　年　月　日

<table>
<tr><th rowspan="2">品名</th><th rowspan="2">规格</th><th rowspan="2">单位</th><th rowspan="2">账面数量</th><th rowspan="2">盘点数量</th><th colspan="2">盘盈</th><th colspan="2">盘亏</th><th rowspan="2">差异原因说明及处理</th></tr>
<tr><th>数量</th><th>金额</th><th>数量</th><th>金额</th></tr>
<tr><td></td><td></td><td></td><td></td><td></td><td></td><td></td><td></td><td></td><td></td></tr>
<tr><td></td><td></td><td></td><td></td><td></td><td></td><td></td><td></td><td></td><td></td></tr>
<tr><td></td><td></td><td></td><td></td><td></td><td></td><td></td><td></td><td></td><td></td></tr>
<tr><td colspan="2" rowspan="2">厂商确认章</td><td colspan="2" rowspan="2">厂商：
负责人：
地址：</td><td colspan="5">经管部门</td><td>财务部门</td></tr>
<tr><td>部门主管</td><td></td><td>主管</td><td></td><td>经办</td><td>经办</td></tr>
</table>

一式三联：

①财产部门→经管部门→总经理室→经管部门（白色）

②财务部门→经管部门→总经理室→财务部门（红色）

③财务部门→经管部门→总经理室（黄色）

说明：1. 适用盘点项目：外协加工料品。

2. 用途：①经管部门与财务部门共同盘点。②盘点结果由外协厂商签认。

4.36 委外加工申请单（表4－36）

表4－36　委外加工申请单

编号：　　　　　　　　　　　　　　　　　　　　日期：

<table>
<tr><td>委外厂商</td><td></td><td>编号</td><td></td><td>品名</td><td></td><td>数量</td><td></td></tr>
<tr><td rowspan="2">交货日期</td><td colspan="3" rowspan="2"></td><td rowspan="3">附件</td><td>图</td><td colspan="2"></td></tr>
<tr><td>样品</td><td colspan="2"></td></tr>
<tr><td>品质要求</td><td colspan="3"></td><td>供应材料</td><td colspan="2"></td></tr>
<tr><td>制造说明</td><td colspan="7"></td></tr>
</table>

批准/日期：　　　　　　　　审核/日期：　　　　　　　　制表：

4.37 委托对外加工厂交货日报表（表4－37）

表4－37　委托对外加工厂交货日报表

厂商名称：　　　　　　　　　　　　　　　　　　日期：　年　月　日

一、本日的生产报告				
品名	前日的订货余额	本日交货量	本日的订货余额	延迟的处置对策
二、明日的预订				
品名	交货预订量		三、（概况、联络、要求事项）	
四、供应材料不良品以及要求（请尽可能具体的记载）				
五、运送途径				

4.38 委外加工交货日报表（表4－38）

表4－38　委外加工交货日报表

年　月　日

交货内容	委托厂商	产品名称	本日交货数量	本日实收数量	本日拒收数量	验收人员	本月累计		
							预订数量	交货数量	差额
材料领用	料号	品名		规格		数量	用途		领料人
备注									

主管：　　　　　　　　　　　　　　　　　　　　　　制表：

4.39 委外加工验收单（表4-39）

表4-39 委外加工验收单

编号：　　　　　　　　　　　　　　　　　　　　日期：

品　名			规格			数量		交货日		
加工厂			编号			电话		联系人		
加工费用	元/件，共计　　元									
材料供应记录						交货记录				
料　号						日　期				
日　期						送货单号				
领料单号						品　名				
领料量						数　量				
备注						验　收				
品管		采购				仓库				
主管	检验员	主管		经办		主管			经办	

4.40 外包申请单（表4-40）

表4-40 外包申请单

编号：　　　　　　　　　　　　　　　　　　　　日期：

申请部门		订单号码		类别	成品　材料 半成品	
品　名		规　格	用　途	单位	数量	需用日期
外包原因		设定底价		制造说明		
		工缴基数				
		基　　数				
		单位工缴				
		总 工 缴				

续表

申请部门		订单号码		类别	成品 材料 半成品
经理批示			申请部门	主管	
				经办	
询价记录				厂商决定说明	
厂商					
单价					
运费					
总价					
交期					
付款条件					
经理批示			申请部门	主管	
				经办	

4.41 物料卡（表4－41）

表4－41 物料卡

编号： 建卡日期：

物料名称		料号		储放位置			
物料等级		安全存量		订购点			
		最高存量		放置时间			
日期	入库	出库	结存	日期	入库	出库	结存

说明：1. 每一物料设一卡；

2. 物料进出当日发账；

3. 每月盘点对账。

4.42 物料库存卡（表4-42）

表4-42 物料库存卡

物料名称	物料编号	供应厂商	交际期间	每日预计使用量	最低库存量	收发记录				说明
						收料单号码	收料量	发出量	结存量	

4.43 物料欠发单（表4-43）

表4-43 物料欠发单

编号： 日期 年 月 日

领料单位				
材料编号	名称规范	单位	欠发数量	备 注

欠发原因：

主管单位： 采购单位： 填表人：

4.44 物品领用记录卡（表4－44）

表4－44 物品领用记录卡

类别：　　　　　　　　　　　材料编号：　　　　　　　　　　件号：

名　称：

出品厂商：　　　　　　　　　单位：　　　　　　　　　　　　单价：

型号：　　　　　　　　　　　序号：　　　　　　　　　　　　位置：

年月日	单据号码	领用单位	收入	发出	结存	备注

主管：　　　　　　　　　　　　　　　　　　　　　　　　　　制表：

4.45 限额领料单（表4－45）

表4－45 限额领料单

领料部门：　　　　　　　　　　　　　　　　　　　　　　　第　　号

用途：　　　　　　　　　　年　　月　　日　　　　　　　　发料仓库：

材料编号	材料名称规格	计量单位	计划投产量	单位消耗定额	领用限额	材料编号	实发																		
							数量	单价								金额									
								百	十	万	百	十	元	角	分	千	百	十	万	千	百	十	元	角	分

日期	领用			退料			限额结余数量
	数量	领料人	发料人	数量	退料人	收料人	

生产计划部门：　　　　　　　　　供销部门：　　　　　　　　　仓库：

4.46 材料仓库月报（表4－46）

表4－46 材料仓库月报

月份：　　　　　　　　　　分类：　　　　　　　　　　日期：

品名	规格	料号	单位	供应厂商	昨日结存	本月进仓	本月出仓	本日结存	备注

审核：　　　　　　　　　　　　　　　　　　　　制表：

4.47 原材料管理表（表4－47）

表4－47 原材料管理表

月份：　　　　　　　　　　　　　　　　　　　　年　月　日

原料名	预订			实际			差异	摘要
	数量	单价	金额	数量	单价	金额		

4.48 原材料库存表（表4－48）

表4－48　原材料库存表

编号：　　　　　　　　　　　　　　　　　　　　年度：

<table>
<tr><td colspan="2">品名</td><td colspan="2"></td><td colspan="2">材料编号</td><td></td><td colspan="2">最低存量</td></tr>
<tr><td colspan="2">规格</td><td colspan="2"></td><td colspan="2">色 号</td><td></td><td colspan="2">计数单位</td></tr>
<tr><td colspan="2">放置地点</td><td colspan="2"></td><td colspan="2">压 纹</td><td></td><td colspan="2">换算数量</td></tr>
<tr><td>月</td><td>日</td><td>凭证号码</td><td>订单号码</td><td>入库数量</td><td>出库数量</td><td>结存数量</td><td>核对记号</td><td>备 注</td></tr>
<tr><td></td><td></td><td></td><td></td><td></td><td></td><td></td><td></td><td></td></tr>
<tr><td></td><td></td><td></td><td></td><td></td><td></td><td></td><td></td><td></td></tr>
<tr><td></td><td></td><td></td><td></td><td></td><td></td><td></td><td></td><td></td></tr>
<tr><td></td><td></td><td></td><td></td><td></td><td></td><td></td><td></td><td></td></tr>
<tr><td></td><td></td><td></td><td></td><td></td><td></td><td></td><td></td><td></td></tr>
</table>

主管：　　　　　　　　　　　　　　　　　　　　制表：

4.49 原材料库存月报表（表4－49）

表4－49　原材料库存月报表

年　月　日

品名	规格	单位	上月结存		本月进库		本月发出		本月结存		备注
			数量	金额	数量	金额	数量	金额	数量	金额	

4.50 运送清单（表4－50）

表4－50 运送清单

编号： 日期：

目的地			发运方式				
项次	品名	规格	单位	数量	件数	订购单号	备注
1							
2							
3							
…							

运送人： 发货人：

4.51 收货单（表4－51）

表4－51 收货单

编号： 日期：

货品类别	□材料 □半成品 □成品 □包装材 □消耗材				
订购单号		厂商名称		厂商编号		收货日期

收货明细

项次	品名	规格	订购数量	单位	实收		单价	金额	备注
					件数	数量			
1									
2									
3									
…									
合计									
说明				检验结果 检验员		收货部门		主管	经办

4.52 送货验收单（表4－52）

表4－52　送货验收单

编号：　　　　　　　　　　　　　　　　　　日期：

进料时间	年　月　日		厂商名称	订购数		
料　号				交货数		
订单号码			品名规格	点收数		
发票号码				实收数		
检验项目	检验规格	抽检数	检 验 状 况		不良数量	判定

检验数量		不良数		不良率	%

综合判定	允收		拒收		特采		选别	

备注		仓库主管		入库员		品管主管		检验员		点收员	

4.53 特别领料单（表4－53）

表4－53　特别领料单

编号：　　　　　　　　　　　　　　　　　　日期：

原领料单 No.		品 名		型 号		计划生产数	
生产不足数						制单 No.	
不足原因							
材料追加明细							
料号							
追加数量							
日期							
会计		厂长		主管		申请	厂长

说明：1. 特别领料单是弥补正常领料单因制成品不足所追加之材料使用；

2. 特别领料单的领用程序须严格。

4.54 退料入库单（表4－54）

表4－54 退料入库单

退库单号：　　　　　　　　　　　　　　　　　　　　　　　　　日期：

退料单位				工令号	
项次	名　称	规　格	单位	数量	退料原因
1					
2					
3					
…					

仓管：　　　　　　　　　　　　　主管：　　　　　　　　　　　　　退料：

说明：1. 制造现场将滞留现场的过剩或不用材料退回仓库；

2. 每周办理退料一次。

4.55 仓库温湿度表（表4－55）

表4－55 仓库温湿度表

库号：　　　　　　　　　　　　　放置位置：　　　　　　　　　　储存商品：

安全温度：　　　　　　　　　　　安全相对湿度：

日期	上午								下午								备注
	天气	干球/℃	湿球/℃	相对湿度%	绝对湿度（g/m³）		调节措施	记录时间	天气	干球/℃	湿球/℃	相对湿度%	绝对湿度（g/m³）		节措施球	记录时间	
					库内	库外							库内	库外			

4.56 巡查记录表（表4-56）

表4-56 巡查记录表

日期	月 日	月 日	月 日	月 日	月 日	月 日	月 日
检查项目	星期一	星期二	星期三	星期四	星期五	星期六	星期日
库房清洁							
作业通道							
用具归位							
货物状态							
库房温度							
相对湿度							
照明设备							
消防设备							
消防通道							
防盗							
托盘维护							
检查人							

注：1. 消防设备每月进行一次全面检查；

2. 将破损的托盘每月集中进行维护处理。

4.57 报损申请表（表4-57）

表4-57 报损申请表

时间： 报损仓库：

物资编号	商品名称	规格	数量	原因说明	拟处理方式

4.58 仓库安全管理实施计划表（表4-58）

表4-58 仓库安全管理实施计划表

主题	实施内容	负责人	查核	日期														
				星期														

4.59 仓库安全日志（表4-59）

表4-59 仓库安全日志

安全			事故					事故频率	对策指示事项
人员	时间	物资名称	存放场所	物资编号	内容	原因	损失额		

4.60 仓库安全日报表（表4-60）

表4-60 仓库安全日报表

日期： 气候： 温度： 湿度：

检查结果			
建议事项			
主要负责人		意见	
经理指示			

4.61 仓库安全事故报告书（表4－61）

表4－61　仓库安全事故报告书

事故内容			
发生地点			
见证人		事故责任人	
发生日期	年月　日	发生时间	□上午□下午　时
事故原因			
事故状况			
处理方式	负责人：		
根本对策	负责人：		
追踪检查	负责人：		

审核：

4.62 安全改善通知书（表4－62）

表4－62　安全改善通知书

制表：

不安全因素	不合规则或不安全情形	建议改善事项	改善期限	改善经过或结果

检查人：　　　　　　　　　　主管负责人：　　　　　　　　　　主管：

4.63 仓库保管工作考核表（表4-63）

表4-63 仓库保管工作考核表

<table>
<tr><td>绩效考核人员名单</td><td></td><td></td><td colspan="2"></td></tr>
<tr><td>被考核人员</td><td colspan="4"></td></tr>
<tr><td>考核地点</td><td></td><td>考核时间</td><td colspan="2"></td></tr>
<tr><td>考核项目</td><td colspan="2">考核内容</td><td>分值</td><td>实际得分</td></tr>
<tr><td rowspan="3">温湿度管理</td><td colspan="2">正确读出干球和湿球的温度</td><td>10</td><td></td></tr>
<tr><td colspan="2">正确读出相对湿度，查出绝对湿度</td><td>10</td><td></td></tr>
<tr><td colspan="2">正确填写温湿度记录表</td><td>10</td><td></td></tr>
<tr><td rowspan="6">物资防锈、除锈处理</td><td colspan="2">正确涂防锈油防锈</td><td>6</td><td></td></tr>
<tr><td colspan="2">选择合适的气相纸，正确包装物资</td><td>6</td><td></td></tr>
<tr><td colspan="2">正确涂防锈油防锈</td><td>6</td><td></td></tr>
<tr><td colspan="2">正确用手工除锈</td><td>6</td><td></td></tr>
<tr><td colspan="2">正确涂防锈材料</td><td>6</td><td></td></tr>
<tr><td colspan="2">正确用防锈材料包装物资</td><td>5</td><td></td></tr>
<tr><td rowspan="6">物资防霉、除霉处理</td><td colspan="2">正确涂刷防霉剂</td><td>6</td><td></td></tr>
<tr><td colspan="2">正确喷洒防霉剂</td><td>6</td><td></td></tr>
<tr><td colspan="2">正确放置防霉剂</td><td>6</td><td></td></tr>
<tr><td colspan="2">找出库内长霉物资</td><td>6</td><td></td></tr>
<tr><td colspan="2">正确晾晒</td><td>6</td><td></td></tr>
<tr><td colspan="2">正确除去霉迹</td><td>5</td><td></td></tr>
<tr><td colspan="3">合计</td><td>100</td><td></td></tr>
</table>

备注：考核满分为100分，60～70分为及格，71～80分为中，81～90分为良好，91分以上为优秀。

4.64 仓库防火防盗工作考核表（表4-64）

表4-64 仓库防火防盗工作考核表

绩效考核人员名单				
被考核人员				
考核地点		考核时间		
考核项目	考核内容		分值	实际得分
防火工作	能及时查出仓库内的消防隐患，并提出整改措施		20	
	正确检查仓库的消防设施是否齐全有效		15	
	能够根据检查情况对仓库的消防工作提出整改意见		10	
防盗工作	能及时发现仓库防盗隐患，并提出整改措施		20	
	正确填写《门卫放行登记表》		15	
	正确填写《仓库巡查表》		10	
	正确填写《交接班表》		10	
合计			100	

备注：考核满分为100分，60~70分为及格，71~80分为中，81~90分为良好，91分以上为优秀。

4.65 盘存表（表4-65）

表4-65 盘存表

编号：　　　　　　　　　　　　经管部门：　　日期：　年　月　日

项次	品名	料品编号	规格	单位	账载数量	盘点数量	差异数	差异说明

主管：　　　　会点：　　　　主管：　　　　盘点：

一式二联：①财务部门→经管部门（白色）

②财务部门→经管部门→财务部门（红色）

说明：①存货外资产由经管部门填记账载数量。存货不必先填账载数量。

②实际盘存数量，由会点人填记，并计算其差异数，填记入差异数栏。

③存货由盘点统计表转记实际盘点数量，然后列记账载数量并求出差异数。

④差异说明由经管部门填注。

4.66 盘存调整表（表4－66）

表4－66 盘存调整表

年 月 日

品名	编号	单位	账面现结存数	增加数	减少数	调整后结存数	调整原因说明

复核： 制表：

4.67 盘点人员编组表（表4－67）

表4－67 盘点人员编组表

盘点日期： 年 月 日

部门									
盘点项目									
日期									
盘点人									
会点人									
复盘人									
备注									

4.68 盘点统计表（表4-68）

表4-68　盘点统计表

编号：　　　　　　　　　　　　经管部门：　　　日期：　　年　月　日

品名	编号	单位	数量	数量	数量	数量	数量	合计

复盘人：　　　　　　　　　　　　会点人：　　　　　　　　　　　　盘点人：

一式二联：

①财务部门→经管部门（白色）

②财务部门→经管部门→财务部门（红色）

说　　明：

①盘点时，由盘点人点数秤重，由会点人填记。

②同一物品堆置不同地方或分次点计时，依数量栏内逐一列计，事后再加以合计。

③由会点人签章（复写），再送盘点及其主管（复盘人）签认。

④盘点人应将盘点统计数量，转记入盘存表。

4.69 破损报告单（表4-69）

表4-69　破损报告单

报废单位：

日期：　　年　月　日　　　　　　　　　　收料日期：　　年　月　日

制造号码：　　　　　　　　　　字　　No.

损废原因					原领用途			
材料类别	品名	规格	色纹材质	单位	数量		估计价值	备注
					退回	实收		

会计：　　　　　　　收料：　　　　　　　部长：　　　　　　填表：

4.70 盘存单（表4－70）

表4－70 盘存单

编号：　　　　　　　　　　　　　　　　　　盘点日期：

货物编号	货物名称	货物规格	单位	账面数量	盘点数量	复盘数量	盘点人	复盘人

4.71 盘点卡（一）（表4－71）

表4－71 盘点卡（一）

卡号：　　　　　　　　　　　　　　　　　　盘点日期：

品名		规格			
编号		单位			
储放位置		货架号			
账面数量		实盘数量		差异	
说明					
复盘人					
盘点人					

4.72 盘点卡（二）（表4－72）

表4－72　盘点卡（二）

编号：　　　　　　　　　　　　　　　　　　　　　　日期：年　　月　日

盘存单编号：
货品编号：　　　　　　　　　　　　　　　　　　　　盘点日期：
货品名称：
数量：　　　　　　　　　　　　　　　　　　　　　　单位：
存放位置：
盘点人：

盘存单编号：
货品编号：　　　　　　　　　　　　　　　　　　　　盘点日期：
货品名称：
数量：　　　　　　　　　　　　　　　　　　　　　　单位：
存放位置：
查核人：

4.73 存货明细账（表4－73）

表4－73　存货明细账

货号：　　　　　　　　　　单位：　　　　　　　　存放地点：No

年		传票号数	摘要	单价	进货		出货		结存	
月	日				数量	金额	数量	金额	数量	金额

4.74 存货盘点单（表4－74）

表4－74　存货盘点单

盘点区号：　　　　　　　　　　　　盘点日期：　　　年　　月　　日
组别：

□原料□在制品□废料□成品	编号
	品名
	规格
	单位
盘点时本物位置：	
盘点数量：　　　　　　更正：	
存货状况 □良料　　□料　　□废料　　□其他	备注

复核员	记录员	盘点员

注：本单应事先编号，以利控制。

4.75 盘点表（表4－75）

表4－75　盘点表

盘点范围：　　　　　　　　　　　　　　　盘点时间：　年　月　日

责任人	盘点项目			数量					
	品种	入库	出库	账面数量	实际盘点数	差量	批次	票号	出库率

4.76 盘点盈亏汇总表（表4－76）

表4－76　盘点盈亏汇总表

编号：　　　　　　　　　　　　　　　　日期：年　　月　　日

品名	规格	账面资料		实盘资料		盘盈		盘亏		差异原因	对策
		数量	金额	数量	金额	数量	金额	数量	金额		

总经理		财务部经理		仓储部经理		制表人	

备注：此表一式两联，第一联由仓库依据此单登记卡片，第二联是财务账联。

4.77 盘点总结报告表（表4－77）

表4－77　盘点总结报告表

货品名称	所属类别	编号	规格	单价	盘点情况	存在问题	改善建议或措施

4.78 盘点盈亏报告表（表4－78）

表4－78 盘点盈亏报告表

编号： 经管部门： 日期： 年 月 日

品名	料品编号	规格	单位	账面数量	盘点数量	盘盈		盘亏		差异原因说明	拟处理对策及建议
						数量	金额	数量	金额		
（副）总经理批示		财务部门	部主管	主管	制表	经管部门		部主管		主管	经管人

一式三联：（1）财务部门→经管部门→财务部门→总经理→经管部门（白色）

（2）财务部门→经管部门→财务部门→总经理→财务部门（红色）

（3）财务部门→经管部门→财务部门→总经理→总经理室（黄色）

4.79 货物盘点更正表（表4－79）

表4－79 货物盘点更正表

货品名称	货品编号	单位	规格	账面数额			盘点实存			数量盈亏				价格增减				原因说明	负责人	备注
										盘盈		盘亏		盘盈		盘亏				
				数量	单价	金额	数量	单价	金额	数量	金额	数量	金额	数量	金额	数量	金额			

4.80 盘点工作考核表（表4-80）

表4-80 盘点工作考核表

绩效考核人员名单				
被考核人员				
考核地点		考核时间		
考核项目			分值	实际得分
盘点业务	盘点前期准备工作充分		5	
	填写盘点卡认真、准确、清晰		10	
	填写盘点记录表认真、准确、熟练		10	
	采用正确的方式修改填写错误的盘点表		10	
	复核、填写复盘数据认真、准确		10	
	采用正确的复核确认方式处理初盘复盘有差异的盘点数据		10	
	盘点作业流程完整，没有遗漏		5	
盘点后处理业务	账目核对严谨、认真、准确		10	
	编制盈亏报表及时、认真、正确、熟练		10	
	盈亏原因分析合理、全面		10	
	采用正确的方式处理盘点盈亏数据		5	
	对在盘点中发现的物资差额、错误、变质、损耗和呆滞等结果，能提出合理的处理意见及纠正、预防措施		5	
合计			100	

备注：考核满分为100分，60～70分为及格，71～80分为中，81～90分为良好，91分以上为优秀。

4.81 库存计划表（表4－81）

表4－81　库存计划表

编号：　　　　　　　　　　　　　　　　日期：年　　月　　日

日次	品名及规格	材料编号	生产量		单位用量	用量小计	损耗率%	总用量	库存量	计划用量	单价	金额	需要时间(天)			备注
													10	20	30	
月份									填写日期							

4.82 库存控制表（表4－82）

表4－82　库存控制表

储位		编号	
材料编号		单位	
商品名称		规格	
订购点安全存单		最低安全库存	

日期	凭单号码	摘要	入库量	出库量	结存量	备注

4.83 存量管制表（表4－83）

表4－83 存量管制表

商品名称		单位		请购点	采购前置时间	
		库号				
规格		架位		请购量	月拨发量	
件号		图号		安全存量	每月平均拨发量	

日期	凭单号码	摘要	入库收/欠发	出库发/欠收	结存数量	请购量			分配			可利用量
						请购量	请购交货日期	总请购量	分配量	计划使用日期	总分配量	

4.84 存货调节表（表4－84）

表4－84 存货调节表

日期：　　　年　　月　　日

盘点单编号	存货编号	品名规格	单位	库存数量				单价	金额	账面数量	差异			备注
				盘点	加	减	调整后				数量	单价	金额	

4.85 日存货汇总表（表4-85）

表4-85 日存货汇总表

日期： 年 月 日

批号	等级	规格	昨日结存	缴库		发送		退回		本日结存
				本日	本月累计	本日	本月累计	本日	本月累计	

4.86 年度存货汇总表（表4-86）

表4-86 年度存货汇总表

项目		年末余额		
		本年计划	本年实际	上年实际
1. 库存材料	（1）原材料。 ①原料及主要材料； ②辅助材料； ③外购半成品； ④修理用备件； ⑤燃料。 （2）包装物。 （3）低值易耗品			
2. 在途材料				
3. 委托加工材料				
4. 在产品				
5. 自制半成品				
6. 产成品				

续表

项目	年末余额		
	本年计划	本年实际	上年实际
7. 分期收款发出商品			
合计			
附注			
1. 各项存货年平均余额。 （1）每百元销售收入占用的存货资金； （2）存货周转天数			
2. 存货内容	账面实际成本	可变现净值	可能发生的损失
（1）已知提取变现损失准备的存货； （2）可变现净值低于成本的其他存货； （3）待处理存货短缺及毁损			

4.87 材料库存日报表（表4－87）

表4－87 材料库存日报表

日期： 年 月 日

商品名称	规格	材料编号	单位	上月结存		本月进库		本月出库		本月结存		备注
				数量	金额	数量	金额	数量	金额	数量	金额	

仓库主管：

4.88 成品库存日报表（表4-88）

表4-88 成品库存日报表

制表人： 日期： 年 月 日

名称	批号	等级	规格	昨日结存		本日缴库		本日出库		本日退回		本日结存	
				数量	金额	数量	金额	数量	金额	数量	金额	数量	金额

库存主管： 制表人：

4.89 材料库存月报表（表4-89）

表4-89 材料库存月报表

月份： 填写日期： 年 月 日

商品名称	规格	材料编号	单位	上月结存		本月进库		本月出库		本月结存		备注
				数量	金额	数量	金额	数量	金额	数量	金额	
仓储部经理			库存控制主管					经办人				

4.90 成品库存月报表（表4－90）

表4－90 成品库存月报表

商品名称	批号	等级	规格	上月结存		本月缴库		本月出库		本月退回		本月结存	
				数量	金额	数量	金额	数量	金额	数量	金额	数量	金额

仓储部经理： 库存控制主管： 经办人：

4.91 年度材料耗用预算表（表4－91）

表4－91 年度材料耗用预算表

年度：

材料品名	1月	2月	3月	4月	5月	6月	7月	8月	9月	10月	11月	12月	合计	材料品名

说明：1. 依据年度销售计划（产品）预算；

2. 预算贵重材料耗用便于资金预算。

4.92 材料领用单（表4－92）

表4－92 材料领用单

成本负担部门： 制造单号码： 发料日期： 领料单号码：

材料类别	材料名称	规格	单位	领用量	实际投入量	结余量	说明
用途说明							

4.93 材料欠拨单（表4－93）

表4－93 材料欠拨单

编号： 日期： 年 月 日

领料单位		制造号码		
材料编号	名称规范	单位	欠拨数量	备 注

欠拨原因

主管单位 采购单位 填表员

4.94 材料退料单（表4－94）

表4－94 材料退料单

年 月 日

品 名	规 格	材料编号	退回数量	单 价	金 额	原领料价格	该批实际材料价格
退料原因说明							

4.95 物品报废单（表4－95）

表4－95 物品报废单

□设备工具类　　□产品类　　□原材料类

日 期：　年　月　日　　　　编 号：

<table>
<tr><td colspan="2">报废物品名称</td><td colspan="3">物品编号</td><td colspan="2">报废数量</td><td>原用途或制造号码</td></tr>
<tr><td colspan="5">报废原因及状况</td><td colspan="2">处置方式</td><td></td></tr>
<tr><td colspan="7">成本计算（限产品类物品报废时填）</td><td>评定价值</td></tr>
<tr><td>材料</td><td>人工</td><td>分摊费用</td><td colspan="3">合计</td><td>单位成本</td><td>合计单价</td></tr>
<tr><td colspan="2">经理</td><td colspan="2">入账</td><td colspan="2">价评
值定</td><td>审核</td><td>填表</td></tr>
</table>

4.96 物品转售申请单（表4－96）

表4－96 物品转售申请单

日期：

物品名称		数量		物品类别	产品	材料	呆料	废料	机具	用品	杂物
申请单位		转售原因									

转售物品明细	物品名称规格	数量	转售单价	总价	售予厂商
	合计				
核准	总经理	会计	主管	经办	

4.97 消耗物品领料单（表4－97）

表4－97 消耗物品领料单

领用单位：　　　　日期：　年　月　日

品名	规格	色纹材质	单位	数量		详细用途
				计划领用	实发	

仓库：　　　　主管：　　　　领料人：

4.98 原物料领用记录表（表 4 -98）

表 4 -98　原物料领用记录表

日期	批号	料号	规格名称	领用单号码	上期结存	本期收入	本期发出	本期结存	说明

4.99 搬运费月报表（表 4 -99）

表 4 -99　搬运费月报表

编号：

部门	人事费	折旧费	材料费	修缮费	动力及燃料费	分摊费	其他	合计	每小时搬运费	每公斤搬运费	每台搬运费	摘要

月份：　　　　　　　　　　　　年　月　日

主办会计　　　　制　表　　　　（盖章）

4.100 材料部月报表（表4－100）

表4－100 材料部月报表

月份：

区分	订购金额	已收金额	未收余额	出货实绩	库存（金额）				缺货（发生件数）			交期延迟		索赔退货		降低成本			
						计划品	库存基准	实绩	目标	实绩	评价	目标	实绩	现单价	降低单位	降低金额	备注		

资料处理	供应商工厂开拓、替换	改善事项	设备引进	出席状况			
				区分	出勤	缺勤	在职

4.101 材料收发月报表（表4－101）

表4－101 材料收发月报表

材料类别	原料	物料	呆料	废料	年　月份 第　页共　页			
材料编号	材料名称	规格	单位	上月结存	本月进库	本月领出	本月结存	备注

审核：　　　　　　　　　　　　　　　　　　　　　制表：

4.102 成品材料收发月报表（表4－102）

表4－102　成品材料收发月报表

材料编号	材料名称	制成品			单位	上月结存			本月收入	本月发出	本月结存
			滞存品	不良品		数量	单价	金额			

4.103 库存管理明细表（表4－103）

表4－103　库存管理明细表

订购										进货			出货				抵押		摘要
月	日	订单编号	订购数	交货日	交货数	检收日	合格数	不合格数	未交货余额	月日	订单号码	数量	月日	订单号码	数量	库存数	月日	余额	
零件号码						零件名						规格						图号	

4.104 库存金额统计表（表4－104）

表4－104 库存金额统计表

月份：　　　　　　　　部门：

日期	订单销货			直接销货			出货			库存额	备注
	销货金额	销货退回	合计	总销货额	折扣	销货净额	销货成本	进货退回	合计		
上期转入											
1											
2											
3											
…											
31											
转入下期											

4.105 库存品记录表（表4－105）

表4－105 库存品记录表

类别：　　　　　　　　日期：

品名规格	转入日期	转自批号	数 量	处置方式	备 注

厂长：　　　　　　主管：　　　　　　制表：

4.106 料品收发存月报表（表4－106）

表4－106　料品收发存月报表

年　月

类别品名规格	期初结存			本期入库			本期出库			期末结存		
	单价	数量	金额	单价	数量	金额	单价	数量	金额	单价	数量	金额

批准：　　　　复核：　　　　制表：

4.107 物料盘点表（表4－107）

表4－107　物料盘点表

编号：　　　　日期：

部门					盘点日期				
盘点卡号	料号	单位	实盘数量	账面数量	差异数量	单价	差异金额	差异原因	储放位置
合 计									
批示					会计		复盘		盘点

4.108 材料、副料盘点清册（表4－108）

表4－108 材料、副料盘点清册

盘点卡号	料号	品 名	规格	数量	单位	使用状况	备注

主管： 复盘： 盘点人：

4.109 成品、在制品盘点清册（表4－109）

表4－109 成品、在制品盘点清册

盘点卡号	料号	品名	规格	数量	单位	使用状况	备注

主管： 复盘： 盘点人：

4.110 存量管制卡（表4－110）

表4－110 存量管制卡

卡号：

<table>
<tr><td colspan="2">品名</td><td></td><td colspan="3">料号</td><td colspan="2"></td><td colspan="2">请购点</td><td colspan="2"></td><td colspan="2">安全存量</td><td></td></tr>
<tr><td colspan="2">规格</td><td></td><td colspan="3">存放</td><td colspan="2">库号：
架位：</td><td colspan="2">一次
请购量</td><td colspan="2"></td><td colspan="2">采购前置
时间</td><td></td></tr>
<tr><td rowspan="2">日期</td><td rowspan="2">凭证号码</td><td rowspan="2">摘要</td><td colspan="2">入库</td><td colspan="2">出库</td><td rowspan="2">结存数量</td><td colspan="6">请（订）购量</td><td rowspan="2">备注</td></tr>
<tr><td>收</td><td>欠收</td><td>发</td><td>欠发</td><td>订购量</td><td>订购单号</td><td>订购日</td><td>请求交货日</td><td>实际交货日</td><td>交货量</td></tr>
<tr><td></td><td></td><td></td><td></td><td></td><td></td><td></td><td></td><td></td><td></td><td></td><td></td><td></td><td></td><td></td></tr>
<tr><td></td><td></td><td></td><td></td><td></td><td></td><td></td><td></td><td></td><td></td><td></td><td></td><td></td><td></td><td></td></tr>
<tr><td></td><td></td><td></td><td></td><td></td><td></td><td></td><td></td><td></td><td></td><td></td><td></td><td></td><td></td><td></td></tr>
<tr><td></td><td></td><td></td><td></td><td></td><td></td><td></td><td></td><td></td><td></td><td></td><td></td><td></td><td></td><td></td></tr>
</table>

4.111 库存盈亏明细表（表4－111）

表4－111 库存盈亏明细表

分类：　　　　　　　　　　　　　　日期：

项次	品名	料号	单位	账面数量	盘点数量	差异	原因
1							
2							
3							
…							

厂长：　　　　　　　　　　　　主管：　　　　　　　　　　　　制表：

4.112 物资报废表（表4－112）

表4－112 物资报废表

<table>
<tr><td rowspan="2">物资名称</td><td>物资种类</td><td colspan="2">物资编号</td><td colspan="2">报废数量</td><td colspan="2">原用途或制造编号</td></tr>
<tr><td>□设备工具类
□产品类
□原材料类
□行政物资类</td><td colspan="2"></td><td colspan="2"></td><td colspan="2"></td></tr>
<tr><td>报废原因</td><td colspan="3"></td><td colspan="2">处理方式</td><td colspan="2"></td></tr>
<tr><td>成本计算</td><td colspan="3"></td><td colspan="2">价值评定</td><td colspan="2"></td></tr>
<tr><td>材料</td><td></td><td>分摊费用</td><td colspan="2"></td><td colspan="2">单位成本</td><td></td></tr>
<tr><td>人工</td><td></td><td>合计</td><td colspan="2"></td><td colspan="2">合计单位</td><td></td></tr>
<tr><td>经理</td><td></td><td>价值评定</td><td colspan="2"></td><td colspan="2">填表人</td><td></td></tr>
<tr><td>入账</td><td></td><td>填表日期</td><td colspan="2"></td><td colspan="2">审核人</td><td></td></tr>
</table>

4.113 安全存量警示表（表4－113）

表4－113 安全存量警示表

编号：　　　　　　　　　　　　　　　　日期：年　　月　日

品类						
材料编号	单位	品名规格	现有库存量	安全存量基准	差异数量	建议采购量

4.114 呆料处理月报表（表4－114）

表4－114　呆料处理月报表

编号：　　　　　　　　　　　　　　　　日期：　　年　月　日

<table>
<tr><th rowspan="2">项次</th><th rowspan="2">物料名称</th><th rowspan="2">编号</th><th rowspan="2">材料类别</th><th rowspan="2">数量</th><th rowspan="2">原单价</th><th rowspan="2">原价值</th><th rowspan="2">处置方式</th><th colspan="2">处置</th></tr>
<tr><th>费用</th><th>收入</th></tr>
<tr><td></td><td></td><td></td><td></td><td></td><td></td><td></td><td></td><td></td><td></td></tr>
<tr><td></td><td></td><td></td><td></td><td></td><td></td><td></td><td></td><td></td><td></td></tr>
<tr><td></td><td></td><td></td><td></td><td></td><td></td><td></td><td></td><td></td><td></td></tr>
<tr><td></td><td></td><td></td><td></td><td></td><td></td><td></td><td></td><td></td><td></td></tr>
</table>

主管		制表		日期	

4.115 废料处理月报表（表4－115）

表4－115　废料处理月报表

编号：　　　　　　　　　　　　　　　　日期：　年　　月　　日

<table>
<tr><th rowspan="2">序号</th><th rowspan="2">物料名称</th><th rowspan="2">编号</th><th rowspan="2">材料类别</th><th rowspan="2">数量</th><th rowspan="2">原单价</th><th rowspan="2">原价值</th><th colspan="2">处置</th></tr>
<tr><th>费用</th><th>收入</th></tr>
<tr><td></td><td></td><td></td><td></td><td></td><td></td><td></td><td></td><td></td></tr>
<tr><td></td><td></td><td></td><td></td><td></td><td></td><td></td><td></td><td></td></tr>
<tr><td></td><td></td><td></td><td></td><td></td><td></td><td></td><td></td><td></td></tr>
<tr><td></td><td></td><td></td><td></td><td></td><td></td><td></td><td></td><td></td></tr>
<tr><td></td><td></td><td></td><td></td><td></td><td></td><td></td><td></td><td></td></tr>
</table>

4.116 滞料处理记录表（表4－116）

表4－116 滞料处理记录表

编号： 日期： 年 月 日

物料名称		物料编号		数量	
处理方式	□废弃 □转用 □转售其 □他处理方式				
处理说明					
损失分析					

4.117 滞料处理汇报表（表4－117）

表4－117 滞料处理汇报表

编号：

填表日期： 年 月 日 第 页 共 页

物料名称	上月结存	本月发生	本月处理情况明细												本月结存
			出售					报废					合计		
			账面	时价	售价	账面损益	售价时价差异	账面	时价	废料处理收入	账面损失	账面金额	账面	损益	
滞料处理负责人				表格汇总人											

4.118 呆废料处理报告表（表4－118）

表4－118 呆废料处理报告表

编号：　　　　　　　　　　　　　　　　　　　　　　　　　　　　日期：

项次	申请单号	品名	规格（料号）	单位	数量	拟处理			拟标售底价		备注
						移转别用	废弃	标售	单价	总价	
1											
2											
3											
…											

批准：　　　　　　　　　　　　审核：　　　　　　　　　　　　报告：

4.119 库存物资异动更正单（表4－119）

表4－119 库存物资异动更正单

编号：　　　　　　　　　　　　　　　　　　日期：年　　月　　日

物资编号		物资名称		物资类别			
单位		最低存量		请购点		采购期限	
请购量		最高存量					
备注							
审核人		填单人		填单日期			

4.120 领料单（表4－120）

表4－120　领料单

编号：　　　　　　　　　　　　　　　　　　　　　　　　领料人：

领用部门				材料用途			
领用日期				发料日期			
材料名称	编号	材料规格	单位	请领数量	实发数量	单价	备注
备注							
发料人签字				审核人			

4.121 领料表（表4－121）

表4－121　领料表

领料部门：　　　　　　　　　　　　　　　　　　　　　　　　编号：

生产通知单号：　　　　　　　　　　　　　　　　日期：　年　月　日

领料用途															
材料编号	品名	规格	单位	请领数量	实发数量	单价	金额								
							佰	拾	万	仟	佰	拾	元	角	分
附件：　张				合计											

主管：　　会计：　　记账：　　发料：　　领料：　　制单：

4.122 限额领料单（表4－122）

表4－122　限额领料单

领料部门：　　　　　　　　　　　　　　　　　　　　　单号：
用途：　　　　　　　　　　　　　　　　　　　　　　　发料仓库：

<table>
<tr><th rowspan="3">材料编号</th><th rowspan="3">材料名称规格</th><th rowspan="3">计量单位</th><th rowspan="3">计划产量</th><th rowspan="3">单位消耗定额</th><th rowspan="3">领用限额</th><th colspan="19">实发</th></tr>
<tr><th rowspan="2">数量</th><th colspan="9">单价</th><th colspan="9">金额</th></tr>
<tr><th>佰</th><th>拾</th><th>万</th><th>仟</th><th>佰</th><th>拾</th><th>元</th><th>角</th><th>分</th><th>佰</th><th>拾</th><th>万</th><th>仟</th><th>佰</th><th>拾</th><th>元</th><th>角</th><th>分</th></tr>
<tr><td></td><td></td><td></td><td></td><td></td><td></td><td></td><td></td><td></td><td></td><td></td><td></td><td></td><td></td><td></td><td></td><td></td><td></td><td></td><td></td><td></td><td></td><td></td><td></td><td></td></tr>
<tr><td></td><td></td><td></td><td></td><td></td><td></td><td></td><td></td><td></td><td></td><td></td><td></td><td></td><td></td><td></td><td></td><td></td><td></td><td></td><td></td><td></td><td></td><td></td><td></td><td></td></tr>
</table>

<table>
<tr><th rowspan="2">日期</th><th colspan="3">领用</th><th colspan="3">退料</th><th rowspan="2">限额结余数量</th></tr>
<tr><th>数量</th><th>领料人</th><th>发料人</th><th>数量</th><th>退料人</th><th>收料人</th></tr>
<tr><td></td><td></td><td></td><td></td><td></td><td></td><td></td><td></td></tr>
<tr><td></td><td></td><td></td><td></td><td></td><td></td><td></td><td></td></tr>
<tr><td></td><td></td><td></td><td></td><td></td><td></td><td></td><td></td></tr>
</table>

生产计划部门：　　　　　　　　　　供销部门：　　　　　　　　　　仓库：

4.123 定额领料单（表4－123）

表4－123　定额领料单

编号：

<table>
<tr><td colspan="2">领料单位</td><td colspan="3"></td><td>仓库</td><td colspan="3"></td></tr>
<tr><td colspan="2">日期</td><td colspan="3">年　月　日至　年　月　日</td><td>物料用途</td><td colspan="3"></td></tr>
<tr><td colspan="2">计划生产量</td><td colspan="3"></td><td>实际生产量</td><td colspan="3"></td></tr>
<tr><td rowspan="2">物料名称</td><td rowspan="2">物料编号</td><td rowspan="2">物料规格</td><td rowspan="2">单位</td><td rowspan="2">领用限额</td><td rowspan="2">调整后的领用限额</td><td colspan="3">实际耗用量</td></tr>
<tr><td>数量</td><td>单价</td><td>金额</td></tr>
<tr><td></td><td></td><td></td><td></td><td></td><td></td><td></td><td></td><td></td></tr>
<tr><td colspan="9">领料记录</td></tr>
</table>

续表

领料单位					仓库			
领料日期	请领数量	实际发放量			退料数量			限额结余
		数量	发料人	领料人	数量	发料人	领料人	
生产部		采购部		仓储部		领料单位		

4.124 领料月报表（表4－124）

表4－124 领料月报表

编号： 日期： 年 月 日

物料名称	物料规格	单位	前月结存量	本月领用量	本月耗用		本月结存量	备注
					耗用量	他用量		
经理		主管		经办		填表		

4.125 提货单（表4－125）

表4－125 提货单

日期： 年 月 日

项目	产品	材料编号	品名	规格	单位	数量	说明
							□销货 □样品 □检验 □其他
厂长批示		生产部经理			质量管理部	仓储部	提货人

4.126 成品出库单（表4－126）

表4－126　成品出库单

客户：　　　　　　　　　　　　　　　　　　　　　　　　日期：　年　月　日

序号	箱（包）号	成品类别	出库日期	净重	备注
1					
2					
3					
…					
合计					

主管：

4.127 发货单（表4－127）

表4－127　发货单

客户名称：　　　　　　　　　　　　　　　　　　　　　　发货日期：

发货仓库：　　　　　　　　　　　　　　　　　　　　　　仓库地址：

<table>
<tr><th>货号</th><th>品名</th><th>规格</th><th>牌号</th><th>国别
及产地</th><th>包装
及件数</th><th>单位</th><th>数量</th><th>单价</th><th>总价</th><th>金额</th></tr>
<tr><td></td><td></td><td></td><td></td><td></td><td></td><td></td><td></td><td></td><td></td><td></td></tr>
<tr><td></td><td></td><td></td><td></td><td></td><td></td><td></td><td></td><td></td><td></td><td></td></tr>
<tr><td></td><td></td><td></td><td></td><td></td><td></td><td></td><td></td><td></td><td></td><td></td></tr>
<tr><td colspan="3" rowspan="2">危险品标志章</td><td>运费</td><td colspan="3"></td><td colspan="2">包装押金</td><td colspan="2"></td></tr>
<tr><td>金额</td><td colspan="7">（大写）　佰　拾　万　仟　佰　拾　元　角　分
（小写）￥：</td></tr>
</table>

审核：　　　　　　　　　　　　　　　　　　　　　　　　制单：

4.128 出库复核记录表（表4－128）

表4－128 出库复核记录表

编号：　　　　　　　　　　　　　　　　　　　　　　日期：　年　月　日

序号	出库日期	货物名称	货物编号	货物规格	数量	批号	提货单位	发货人	质量情况
1									
2									
3									
…									
审核人意见									

4.129 出库变更表（表4－129）

表4－129 出库变更表

日期：　年　月　日　　　　　　　　　　　　　　　　　　　编号：

<table>
<tr><td colspan="2">2A</td><td colspan="2">国外购生产物料</td><td colspan="6"></td></tr>
<tr><td colspan="2">2B</td><td colspan="2">国内购生产物料</td><td colspan="6"></td></tr>
<tr><td colspan="2">2C</td><td colspan="2">杂项物料</td><td colspan="6"></td></tr>
<tr><td rowspan="3">厂商序号</td><td>代号</td><td></td><td colspan="2">厂商全名</td><td rowspan="2">说明</td><td colspan="4"></td></tr>
<tr><td>简称</td><td></td><td colspan="2"></td><td colspan="4"></td></tr>
<tr><td>品类代号</td><td>材料编号</td><td>品名规格</td><td>计量单位</td><td>出库数量</td><td>计价单位</td><td>验收合格量</td><td>原订购单编号</td><td>备注（扣款项）</td></tr>
<tr><td></td><td></td><td></td><td></td><td></td><td></td><td></td><td></td><td></td><td></td></tr>
<tr><td></td><td></td><td></td><td></td><td></td><td></td><td></td><td></td><td></td><td></td></tr>
<tr><td></td><td></td><td></td><td></td><td></td><td></td><td></td><td></td><td></td><td></td></tr>
</table>

4.130 领用材料记录表（表4－130）

表4－130　领用材料记录表

日期　　　至

领料单号	产品号码	核准	仓库	验收	点收	产品型号	领用人	说明

4.131 样品提取登记单（表4－131）

表4－131　样品提取登记单

部门：　　　　　　　　　　　　　　　　　　　　日期：

客户名称	客户编号	品名规格	品名代号	品级	数量	出单库位	代号	提取人签收

主管：　　　　　　　　　　　　　　　　　　　　制表：

4.132 材料借出记录表（表4－132）

表4－132　材料借出记录表

单据编号	代号	单位	数量	借出记录	归还 记录	单据种类	归还公司

备注

4.133 出库工作考核表（表4－133）

表4－133　出库工作考核表

绩效考核人员名单				
被考核人员				
考核地点		考核时间		
考核项目			分值	实际得分
出库业务	认真核对出库凭证		5	
	出库前准备工作		10	
	选择好发货的货区、货位		10	
	安排好出库货物的堆放场地		10	
	认真检查出库货物		10	
	妥善安排人力和机械设备		10	
	交接手续清晰		5	
	准备好包装材料		10	
	准备备货或理货		10	
	认真复核和正确登账		10	
	包装、置唛正确		5	
	对在出库中发现的物资差额、错误、变质、损耗和呆滞等结果，能提出合理的处理意见及纠正、预防措施		5	
合计			100	

备注：考核满分为100分，60～70分为及格，71～80分为中，81～90分为良好，91分以上为优秀。

4.134 出货单（表4－134）

表4－134　出货单

客户名称：　　　　联络人：　　　　电话：
送货地址：　　　　联络人：　　　　电话：
编号：　　　　出货日期：

送货明细	品名	型号	数量	单位	单价	总价	订单号	备注
1								
2								
3								
…								
合计								

主管：　　　　送货员：　　　　签收：

4.135 送货单（表4－135）

表4－135　送货单

收货单位				送货单位			
送达地点				送货时间			
发运物品详细内容							
货物名称	型号	规格	单位	数量	单价	总额	备注
有关说明：							
收货方验收情况				收货方负责人签字			
	验收人员				负责人	（公章）	
	日期				日期		

说明：此送货单一式三联，第三联送财务办理结算用，第二联送仓储部提货用，第一联在货到目的地后用作签收，并由送货人员带回交给部门主管。

4.136 送货日报表（表4-136）

表4-136 送货日报表

送货人：　　　　　　　　　　　　　　　　　　　　　　填写日期：

项目	配送数量	交货金额	现收金额	配送总金额	现金		收款	收款率	出发时间	回公司时间	行程时间	出发前公里数	回公司里数	行程公里数	耗油量
					现金	余账收款									
上午															
下午															
合计															
报告事项（客户反映）															
1. 对本公司的意见															
2. 物料方面															
3. 单价方面															
4. 对售货的要求															
5. 对售后方面的要求															
6. 其他															

4.137 送货统计表（表4-137）

表4-137 送货统计表

接单日期	制造单号	品名	规格	订货量	单价	金额	需求日期	物料供应状况			预订日期		品质记录	完工日期
											自	至		

4.138 交货日报表（表4－138）

表4－138 交货日报表

编号：　　　　　　　　　　　　　　　　　　　　　日期：　年　月　日

编号	出货地点	货品样式	个数	件数	货品类别			数量	交货地点	备注
					大分类	中分类	小分类			

4.139 货物运达回报表（表4－139）

表4－139 货物运达回报表

贵公司委托____单位所承运的货物已于　年　月　日运达____。

提运凭证内所载各项货物如数予以查收，除运损情形详附记录外，特先回报运输配送部门查对。

提运凭证号码
共　份

主管：　　　　　　　　　　　　　　　　　　收料人：

货物运损记录

凭证号码	货物名称	规格	单位	实提数量	实收数量	短少数量	运损情况	备注

注：本表由收货单位收货后填写，并加盖公章，交承运者收执。

4.140 运送货物作业日报表（表4－140）

表4－140 运送货物作业日报表

车牌号码： 驾驶员：

编号	起运时间	起运地点	送达时间	送达地点	客户	品名	破损		
							品名	数量	原因
		昨日表数		今日表数		本日实量		备注	
行走里程									
汽油									
机油									

填报人： 填报日期：

4.141 运输作业日报表（表4－141）

表4－141 运输作业日报表

日期： 年 月 日

编号	车牌号码	驾驶员	运输区间	单程距离	客户	品名	数量		摘要
							个数	重量	

4.142 运输月报表（表4－142）

表4－142　运输月报表

日期：　　年　月　　日

输送类别	实际工作天数	实际工作时间数	输送来回次数	输送个数	输送重量	输送距离	移动率	单位作业量	摘要

4.143 驾驶员作业日报表（表4－143）

表4－143　驾驶员作业日报表

管理者：　　　　　　　　　　　　　　　　年　　月　　日

一班次行驶				二班次行驶			
开始时间	目的地	终了时间	车辆编号	开始时间	目的地	终了时间	车辆编号
备注：							

4.144 运输车辆费用预算表（表4－144）

表4－144 运输车辆费用预算表

单位：万元

车辆		货车	面包	货厢5T	货厢8T	总计
数量		10	4	2	2	18
保费（年）	单价					
	金额					
养路费（年）	单价					
	金额					
道桥费（年）	单价					
	金额					
油料（年）	单价					
	金额					
更换轮胎（6万km/车）	单价					
	金额					
小修（年）	单价					
	金额					
运输管理费（年）	单价					
	金额					
大修（年）	单价					
	金额					
年审（年）	单价					
	金额					
合计						

4.145 车辆保养修理记录表（表4-145）

表4-145　车辆保养修理记录表

编号：　　　　　　　　　　　　　　　　　　　日期：年　　月　日

年		项目	金额	保养前已行驶公里数	经手人签章	主管签章
月	日					

4.146 车辆维护记录表（表4-146）

表4-146　车辆维护记录表

编号：　　　　　　　　　　　　　　　　　　　日期：年　　月　日

车型			牌照号码			驾驶员	
序号	日期	维修原因	维修项目	金额	工日寸	维修人	备注
1							
2							
3							
…							

4.147 车辆费用报销单（表4－147）

表4－147 车辆费用报销单

编号： 日期：年 月 日

申请人		单位		车号	
报支期间				车型	
项目	张数	金额	单据粘贴处		
小计					

主管： 领款人： 填表日期：

4.148 车辆费用支出月报表（表4－148）

表4－148 车辆费用支出月报表

编号： 日期：年 月 日

税捐保险费		修理保养费		过桥费		汽油费		上月里程	
说明	金额	说明	金额	说明	金额	说明	金额	本月里程	
								行驶里程	
								本月总费用	
								每公里费用	
								每公里汽油费用	
合计		合计		合计		合计		备注	

汽油费明细	日期	金额	经手人	日期	金额	经手人	日期	金额	经手人	日期	金额	经手人

主管： 填表：

4.149 车辆事故报告表（表4-149）

表4-149 车辆事故报告表

日期：　　　　　　　　　　报告者：　　　　　　　　　　签章：

<table>
<tr><td colspan="4">发生时间：　　年　月　日上午/下午　　时　分</td></tr>
<tr><td>事故种类</td><td colspan="3">1. 撞人事故（轻伤　住院　重伤　病危　死亡）
2. 车辆本身（颠覆　冲撞　冲出　路外　零件　损坏　其他）
3. 车辆相撞（擦撞　追撞　冲撞　其他）</td></tr>
<tr><td>发生地点</td><td colspan="3"></td></tr>
<tr><td>事故原因
事故情况</td><td></td><td>现场概图</td><td></td></tr>
<tr><td>共乘者</td><td></td><td>见证人</td><td></td></tr>
<tr><td colspan="2">当事人</td><td colspan="2">对方</td></tr>
<tr><td>姓名</td><td></td><td>姓名</td><td></td></tr>
<tr><td>单位</td><td></td><td>单位</td><td></td></tr>
<tr><td>本人地址</td><td></td><td>本人地址</td><td></td></tr>
<tr><td>联络处</td><td></td><td>公司地址</td><td></td></tr>
<tr><td>车种年份</td><td></td><td>车种年份</td><td></td></tr>
<tr><td>车牌号码</td><td></td><td>车牌号码</td><td></td></tr>
<tr><td>驾照号码</td><td></td><td>驾照号码</td><td></td></tr>
<tr><td>保险公司</td><td></td><td>保险公司</td><td></td></tr>
<tr><td>保险单号码</td><td></td><td>保险单号码</td><td></td></tr>
<tr><td>损失额明细</td><td></td><td>损失额明细</td><td></td></tr>
<tr><td>损失部分</td><td></td><td>损失部分</td><td></td></tr>
<tr><td>备　注</td><td></td><td>备注</td><td></td></tr>
</table>

4.150 油料库存月报表（表4－150）

表4－150　油料库存月报表

项目	种类							
	汽油		柴油		机油		合计	
	公升	金额	公升	金额	公升	金额	公升	金额
上月购油								
本月购油								
本月发油								
本月结存								
备注								

4.151 配送效率调查表（表4－151）

表4－151　配送效率调查表

日期：　年　月　日

调查项目	进货	验货	保管	分拣	流通加工	分类	集货	装车
作业数量								
作业人员								
作业时间								
作业场所								
设备数量								

4.152 交通事故报告表（表4－152）

表4－152 交通事故报告表

年 月 日

报告者 科 签章

发生时间 年 月 日上午 下午 时 分			
事故种类	1. 人车相撞（轻伤 住院 重伤 病危 死亡） 2. 车辆本身（颠覆 冲撞 冲出路外 零件损坏 平交道 其他） 3. 车辆相撞（擦撞 追撞 冲撞 其他）		
发生地点			
事故原因事故情况共乘者		现场概图 见证人	
当事人		对方	
姓名		姓名	男 女 岁
单 位		公 司 名	
本人地址		本人地址	
联络处		公司地址	
车种年份		车种 年份	
车牌号码		车牌号码	
驾照号码		驾照号码	
保险公司		保险公司	
保险单号码		保险单号码	
损失额明细		损失额明细	
备注			

4.153 交通事故报告书（表4－153）

表4－153　交通事故报告书

姓名：　　年　月　日

我方记入事项				对方记入事项			
驾驶人姓名		所属部门		姓名		年龄	岁
车型、车号		住址				电话	
发生年月日时				上班地点	（公司名称）（地址）（电话）		
事故确认者				事故发生地点			
事故概要				车型、车号			
损坏程度				损坏程度			
公司暂时负担金额				公司给对方的暂时负担金额			
保险理赔金额							
对方赔偿金额				本公司负担差额（相抵）			
本人负担金额				对方当事人负担金额			
和解内容							

备注：

总经理：　　业务经理：　　经理：　　填表：

4.154 汽车驾驶日报表（表4－154）

表4－154 汽车驾驶日报表

年 月 日

<table>
<tr><td>车辆号码</td><td colspan="2"></td><td>管理者姓名</td><td></td></tr>
<tr><td rowspan="5">检查事项</td><td>□方向盘</td><td>□机 油</td><td rowspan="5">仪表指示</td><td rowspan="5">出车房置程数进车房置程数本日里程数</td></tr>
<tr><td>□刹车</td><td>□刹车油</td></tr>
<tr><td>□轮胎</td><td>□离合器油</td></tr>
<tr><td>□离合器</td><td>□散热器异状</td></tr>
<tr><td>□引擎</td><td>□车 灯</td></tr>
</table>

燃料购入	汽 油（柴油）		机油		交付金额	元

出车时间	驾驶员姓名	目的地·其他
: ~ :		
: ~ :		
: ~ :		

4.155 汽车行驶记录表（表4－155）

表4－155 汽车行驶记录表

<table>
<tr><td colspan="6" rowspan="5">年 月 日</td><td>本日行驶</td><td></td></tr>
<tr><td>昨日存油</td><td></td></tr>
<tr><td>本日领油</td><td></td></tr>
<tr><td>本日耗油</td><td></td></tr>
<tr><td>本日存油</td><td></td></tr>
<tr><td colspan="2">起止时间</td><td colspan="2">起止地点</td><td colspan="2">路码表指示</td><td rowspan="2">用车人签字</td><td rowspan="2">备 考</td></tr>
<tr><td>起</td><td>止</td><td>起</td><td>止</td><td>起</td><td>止</td></tr>
<tr><td></td><td></td><td></td><td></td><td></td><td></td><td></td><td></td></tr>
</table>

4.156 器具保管登记卡（表4-156）

表4-156 器具保管登记卡

使用单位： 使用人： 姓名：

职 务： 建卡日期： 年 月 日

移交人	备注	品名	数量	单价	总价	使用人签认